TRASPIÉS

CARDINALES

Ediciones Traspiés

Esta obra ha recibido una ayuda a la
edición del Ministerio de Cultura.

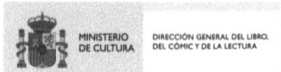

Lectura infinita

*Esta obra ha sido impresa con papel procedente
de explotaciones forestales controladas.*

Primera edición julio de 2025

© De la traducción para Pepa Merlo

© De la presente edición para Ediciones Traspiés SL

Ediciones Traspiés
www.traspies.com

Impreso en Más que libros SL
ISBN: 978-84-128241-9-3
Depósito Legal: GR-867-2025
IBIC:FA

SADE EN ROMA

Traducción y prólogo de Pepa Merlo

Un sereno desconsuelo

Para que pueda ser he de ser otro.
Octavio Paz

Nadie diría que la crueldad existe.
Mario Benedetti

Pero la vida del marqués de Sade
resulta mucho menos aberrante
de lo que uno teme.
Walter Lenning

Un personaje es un constructo psicológico, hipotético, una construcción que, en muchos casos, parte de fuera, no de la persona en sí, sino que la propia sociedad se encarga de ensalzar al personaje y de eliminar a la persona, por conveniencia o convencionalismos, por motivos morales, éticos o religiosos, incluso, por motivos políticos. Pero, más allá de cuestiones meramente psicológicas, políticas o sociológicas, un personaje es una etiqueta de la que es difícil zafarse. Ocurre con ciertos personajes que crecen, se hacen poderosos, trascienden y terminan aplastando a la persona. No se puede hacer nada. Se impone el estereotipo con sus clichés, con sus características propias, con todo lo que de él se espera, con las peculiaridades que lo definen, sin dejar un resquicio por el que pueda colarse el asombro.

Sin embargo, aquellas lectoras y aquellos lectores que se dispongan a perderse por esta Roma de 1775 de la mano de una figura tan determinante como lo fue el Marqués de Sade, caerán de bruces en el asombro. El asombro de no encontrar lo que con toda seguridad esperan, el asombro de descubrir en estas líneas a Donatien Alphonse François de Sade, a la persona, al ilustrado, al viajero y su fuerte deseo de dejar plasmadas las impresiones sobre un país cuya belleza y brutalidad le desborda a partes iguales. Esta es la guía confeccionada por un turista, una guía que *a priori* nada tiene de especial en comparación con otras guías, pues el marqués obliga a mirar a derecha e izquierda, enfrente y detrás, nos retrotrae a épocas pasadas, para situarnos, explicar e intentar comprender el momento exacto de su presente. Sade es en Roma, y en Italia en general, un turista a la manera en la que viajaban aquellos jóvenes aristócratas británicos y centroeuropeos que acuñaron la expresión el *Grand Tour* en los viajes que realizaban buscando adquirir conocimientos sobre historia, arte, arquitectura, etc. Italia era para ellos lugar de preferencia. Un viaje de aprendizaje que se puso de moda entre los siglos XVII y XVIII. De este *Grand Tour* surgirán pronto en francés los términos *touriste* y *tourisme*. En nuestro país tendríamos que esperar hasta bien entrado el siglo XX, en 1914, para encontrar el término «turista» en el Diccionario de la RAE con la acepción: «viajero que recorre un país por distracción y recreo». Once años más tarde, en 1925, el mismo diccionario recogerá la palabra «turismo» como «afición a viajar por el gusto de recorrer un país». Ese afán de distracción y recreo que define al turista es lo que transmite el marqués en su narración. Ahora bien, los motivos que llevan al marqués a emprender un viaje en el que recorrerá de norte a sur el *Bel Paese* distan mucho de ese «viajar por gusto» que nomina al vocablo turismo. Si en el relato que hace de plazas, monumentos, esculturas, iglesias, palacios, jardines, etc., encontramos a la persona, los motivos que le obligan a emprender el viaje y hacerlo con una salida precipitada de Francia son más propios del personaje.

Tres episodios consecutivos dan al traste con la persona y fortalecen el personaje. En Arcueil (1768) es acusado y condenado por un acto violento contra un joven vagabundo parisino, episodio que se salda con una pena de prisión reducida a seis meses, una cuantiosa indemnización económica para la víctima y el exilio a su patria provenzal. En Marsella (1772) las víctimas serán unas prostitutas, y Sade y su ayuda de cámara son condenados a una sentencia de muerte *in absentia* pronunciada por el parlamento de Aix-en-Provence. El condenado a muerte huye a Venecia con su cuñada, Anne-Prospére de Launay de Montreuil, una canonesa[1]. La familia actuará y conseguirá conmutar la pena, a cambio le exigen un poco de discreción a su vuelta a Francia, pero la discreción le duró apenas dos años porque en 1774, en Lacoste, la revelación de los abusos a unas niñas y a un niño le obliga a huir a Italia de nuevo, esta vez el asunto es grave y la reiteración del delito acrecienta la gravedad. El escándalo es tal que trasciende fronteras. Sade opta por la montaña. La ruta marítima por Marsella estaba muy vigilada. El 17 de julio de 1775 abandona Lacoste con

---

1. Mujer que en las abadías flamencas y alemanas vivía en comunidad religiosa, pero sin hacer votos solemnes ni estar obligadas a clausura. El pasaje de Sade en Venecia está bien narrado por Michel Delon y D'Oria Sjous en *Sade à Venice* (Lineadacqua, 2018).

un ayuda de cámara de confianza, atraviesan el Delfinado[2], se dirigen hacia Plaisance, Parma, Bolonia, se alejan lo más posible de su país.

Tenía 35 años cuando llega a Italia, en este segundo viaje, y lo hace camuflando su identidad, bajo el nombre paterno de conde Luis de Mazam. Lleva consigo una carta de recomendación que le ayudaría a tomar contacto con algún que otro personaje clave en su viaje. La primera parada fue Florencia, de donde sale el 21 de octubre de 1775 hacia Roma, dejando abandonada a Chiara Moldetti, la hija del médico que le había acogido en la ciudad, el doctor Barthélemy Mesny, médico de Lorena venido de Nancy con Leopoldo de Habsbourg cuando se convirtió en el Gran Duque de Toscana. Chiara, casada y madre de un infante al que el propio marqués sacaría de pila, se enamora apasionadamente de él. En sus cartas le hace repetidas declaraciones de amor. A Sade le interesa la cuestión sexual, no tanto la amorosa. Otro de los personajes claves en el viaje será Ange Goudar, un espía, panfletario, chantajista, jugador y entusiasta de los prostíbulos, capaz de robarle la amante al mismísimo Casanova y casarse con ella para meterla en la cama de un príncipe, según narra Michel Delon[3]. Goudar será un pilar muy importante como informador sobre la vida italiana, necesario para el conde de Mazam.

2. Antigua provincia del sureste de Francia. Capital Grenoble.
3. En el prólogo de la edición francesa *Voyage d'Italie* (Flammarion, 2019)

Seis días más tarde, el 27 de octubre, llega a Roma, y de ahí a Nápoles. Tres ciudades clave, norte, centro y sur, que reforzarán la dos caras de la misma moneda: la del libertino y la del ilustrado.

La premura con la que tiene que salir de Francia no le impide preparar un equipaje bien pergeñado, contiene el elemento esencial del buen turista: la guía del país que se dispone a recorrer, no digamos visitar, pues, aunque una vez en Italia se comporte como un visitante, las circunstancias que le llevan hasta allí, como hemos visto, no son tanto la visita como la huida. En este caso el marqués va bien provisto, le acompañan la guía del abad Jérôme Richard y la guía de Jérôme de La Lande[4]. El abad Jérôme Richard publicó en 1766 una *Description historique et critique de l'Italie, ou Nouveaux Mémoires sur l'état actuel de son gouvernement, des sciences, des arts, du commerce, de la population et de l'histoire naturelle (Descripción histórica y crítica de Italia, o Nuevas Memorias sobre el estado actual de su gobierno, ciencias, artes, comercio, población e historia natural)*, que consta de seis volúmenes. La Lande, por su parte, publicó tres años después, en ocho volúmenes, el *Voyage d'un Français en Italie fait dans les années 1765-1766, contenant l'histoire et les anecdotes les plus singulières de l'Italie*

---

4. Jérôme Lalande, y a veces «*Le Français de la Lande*». Fue un astrónomo francés que recogió en seis volúmenes sus viajes por Italia. Contiene la historia y las anécdotas más singulares de Italia y su descripción: la moral, las costumbres, el gobierno, el comercio, la literatura, las artes, la historia natural y las antigüedades. Con juicios sobre las obras de pintura, escultura y arquitectura, y los planos de todas las grandes ciudades de Italia.

et sa description, les moeurs, les usages , les gouvernements, le commerce, la littérature, les arts, l'histoire naturelle et les antiquités (*Viaje de un francés a Italia hecho en los años 1765-1766, conteniendo la historia y las anécdotas más singulares de Italia y su descripción, costumbres, usos, gobiernos, comercio, literatura, artes, historia natural y antigüedades*). Ambos autores están muy presentes en su versión personal del viaje italiano, a veces para criticar una observación puntual de alguno de los dos (es curioso que tiende a arremeter más contra las apreciaciones de Jerôme Richard) sobre cierta escultura, iglesia o edificio, a veces como referencia o excusa para no detenerse en cierta escultura, iglesia o edificio con el argumento irrefutable de que si ya lo describió fulanito o menganito en profundidad, no tiene sentido que también él se detenga, aunque este argumento lo utiliza para referirse a ciertas piezas o edificios y no a otras recogidas igualmente por estos autores.

El conde Luis de Mazan quiere ser a ojos de los italianos filósofo y escritor, atrás había quedado el militar, el director teatral, su propósito era redactar sino la gran guía del país, sí un relato con un interés que fuese más allá de los convencionalismos que recogían las guías existentes. Éste era el proyecto de Sade. Un proyecto, por otro lado, nada novedoso. En un corto viaje a Holanda escribió una recopilación de impresiones sobre el país, que permaneció manuscrita en forma de cartas dirigidas a *Madame la Comtesse*. Imaginamos que se trata de su esposa, René Pélagie de

Montreuil[5], marquesa de Sade, mientras vivió su suegro, luego condesa de Sade. La primera carta de la colección presenta el proyecto:

La indulgencia con que recibió mi *Voyage de Hollande*, *Madame la Comtesse*, me ha animado a ofrecerle de nuevo el de Italia, tratado enteramente de la misma manera. No espere encontrar en él descripciones exactas y detalladas de todas las bellezas que encierra este hermoso país. Tantos otros se han ocupado de ellas antes que yo, que sólo puedo ofreceros repeticiones[6].

A pesar de tratarse de un matrimonio de conveniencia urdido por sus padres y al que el marqués se opondrá al principio, enamorado entonces de Laurais de Vacqueyras, una jovencita de la nobleza de Lacoste, su esposa será después el punto de retorno, el lugar de la cordura. Y en los escritos del Sade ilustrado, ella es su única destinataria. René será referente más allá de prostitutas, actrices, de escapadas con su cuñada, de las diferentes amantes que tendrá a lo largo de su vida, las desconocidas, las conocidas como la actriz Mlle. Colette, la cortesana Beauvoisin, con la que pasará casi dos años y de la que su esposa, a propósito de la

---

5. Renée-Pélagie Cordier de Launay de Montreuil. (Francia, 2 de diciembre de 1741-Echauffour, 7 de julio de 1810), casada con el marqués en una boda acordada por ambas familias. Sigue a su esposo por las diferentes cárceles en las que es encerrado. Permanece junto a él durante su largo encierro en el Torreón de Vincennes y en La Bastilla, y se separa una vez consigue éste la libertad. El matrimonio tuvo dos hijos, Louis-Marie y Donatien Claude Armand, y una hija, Madeleine-Laure.
6. Reproducido en el prólogo de Michel Delon a *Voyage d'Italie*, p. 19 [Traducción propia].

intención de un tío suyo de separar de cualquier manera a la pareja, escribiría las siguientes palabras:

¿Usar la fuerza para separarles? Seguramente obtendría sin dificultad del ministro todo lo que le pidiera, pero esto causaría un escándalo y sería peligroso para él: así pues, no debemos hacerlo. [...] No le perdáis nunca de vista porque el único modo de tratar con él es no abandonarle ni un solo momento. Así fue como logré el año pasado separarle de Colette y hacerle entrar en razón después de convencerle de que estaba equivocado. Dudo de que ame a ésta con más ardor que a la otra: era un frenesí. Todo ha ido bastante bien desde entonces hasta que esta Cuaresma se ha encaprichado de la de ahora[7].

Y de su esposa el marqués escribiría:

Los días, que en un matrimonio por conveniencia sólo traen consigo espinas, dejaron abrirse rosas de primavera. ¡Cómo hubiese recogido esos días que ahora aborrezco! De la mano de la felicidad se hubieran desvanecido demasiado deprisa. Los años más largos de mi vida no serían suficientes para ponderar mi amor. En veneración continua me arrodillaría a los pies de mi mujer y las cadenas de la obligación, siempre recubiertas de amor, habrían significado para mi corazón arrebatado sólo grados de felicidad. ¡Vana ilusión! ¡Sueño demasiado sublime!

Carta del marqués de Sade[8]

7. Pauvert, Jean Jacques (1989): Sade. Una inocencia salvaje, Tusquets. p. 132.
8. La traducción es propia y difiere de la traducción que encontramos en la edición de Lenning, Walter (1989): El Marqués de Sade, Plaza & Janés. p. 18:
Los días, que en un matrimonio por conveniencia sólo traen consigo espinas, hubieran dejado que se abrieran rosas de primavera. Cómo hubiese recogido esos días que ahora aborrezco. De la mano de la felicidad se hubieran desvanecido

Y es a ella a quien, además de referirse de una manera directa en el texto, rompiendo con lo establecido desde el punto de vista formal de una guía, le confiesa la intención de escribir el *Voyage d'Italie* y la manera en que ha proyectado hacerlo:

Esta colección será pues un sencillo itinerario en el que me permitiré únicamente indicar las sorprendentes bellezas de las que es imposible no hablar, intercaladas con algunas reflexiones sobre la moral.

Ese es el propósito de un trabajo en el que los aspectos a plantearse son múltiples. Por un lado, la necesidad que tiene el marqués, el ilustrado, de separarse del personaje, del libertino que pasó veintisiete años encarcelado en diferentes fortalezas y con distintos sistemas, encarcelado con el Antiguo Régimen, encarcelado con la Asamblea Revolucionaria, con el Consulado, con el Primer Imperio francés... El propio marqués escribiría: «Los entreactos de mi vida han sido demasiado largos», refiriéndose a estos episodios. Por otro lado, la necesidad que se presenta con mayor intensidad si cabe de ser reconocido como escritor, como filósofo, de ahí ese matiz sobre la inclusión de una perspectiva que propicie las «reflexiones sobre la moral».

Habría que plantearse cómo ese «sencillo itinerario», como lo define el marqués, en las tres ciudades que componen este viaje, es extraño. Para empezar, no hay un

---

demasiado deprisa. Los años más largos de mi vida no tendrían suficiente para ponderar mi amor...

itinerario a la usanza, es decir, la mayoría de las ocasiones, no se establece un itinerario lineal, no va de un punto a otro recorriendo un trazado y deteniéndose en los lugares de interés que puedan componer la línea a seguir. No hay un sentido concreto, más allá de lugares, iglesias, esculturas que incitan a esa «reflexión sobre la moral» que el propio autor indica. En el caso que nos ocupa, Roma, no podemos dibujar un trazado definido. De la Basílica de San Pedro, a San Luis de los Franceses y la Villa Médici; del Panteón al Castillo de San Ángel, las catacumbas de San Lorenzo, el Coliseo o la Villa del Este, etc. Son sin duda lugares claves y obligatorios en la lista de un turista, pero no trazan un itinerario. Entre los lugares físicos, intercala descripciones de esculturas, ahí Santa Teresa de Bernini o Santa Cecilia de Maderno, por ejemplo; y entre las obras de arte, las costumbres que considera aberrantes, no sólo de la tradición de la Roma clásica, sino también, de la contemporánea, en alegatos de una modernidad apabullante, arremete contra las intervenciones que han sufrido y sufren iglesias y palacios por mor de un criterio desatinado y un concepto errado de intervención.

Él narra aquello que le muestran sus intermediarios e introductores en la villa pontifica, el señor Lucattini que le guía por las ruinas y por las casas de antigüedades, y Cosimo Alessandro Collini, viejo secretario de Voltaire, que había pasado al servicio de un príncipe alemán apasionado tanto por la historia como por las ciencias naturales. El doctor Giuseppe Iberti, filósofo también, ayuda al viajero a descubrir otra Roma, la ciudad oculta, la ciudad que le brindaría los elementos necesarios para componer esas «reflexiones morales». Iberti tenía conexiones con la alta sociedad romana e introduce a Sade en la casa del duque y la duquesa de Grillo, quienes, más allá de lo artístico o arquitectónico, le proporcionan todo tipo de información sobre los secretos del Vaticano. Tal vez sean ellos los que inspiren el capítulo «Los crímenes de Pablo IV» o alienten los comentarios sobre los prejuicios que frenan el desarrollo de Italia.

Es interesante remarcar la querencia del marqués por detenerse en las descripciones de catacumbas, criptas, subterráneos del Coliseo, torturas múltiples y variadas, ahí las santas, las Vestales, etc. Ve literalmente los delitos que se cometieron en aquellos lugares. Parece como si mencionando estos sucesos se distanciara de ellos, horrores que define como tales, y que utiliza como revulsivo para, más allá de las condenas propias por actos sino iguales, en algunos casos, semejantes, alejarse de los motivos que lo han llevado a Italia o de aquellos otros que lo han llevado a prisión en múltiples ocasiones. La persona intentando borrar al personaje. Ahí la narración de las vestales, Santa Inés o los subterráneos del Coliseo. En este sentido, más allá de lo monumental, iniciado el viaje relata cómo: «Poco antes de mi llegada, un niño de ocho años había perdido la vida quince días después de sufrir abusos sexuales en uno de esos palacios». Pareciera que el horror sólo residiese en los palacios de los nobles italianos, brutalidades exclusivas de otras gentes y otras culturas ajenas a él mismo y a su cultura. Señalarlos es una manera de desmarcarse de ellos. Hay sin duda una fijación por los lugares oscuros, por los jardines, por los espacios apartados de la ciudad propicios para el encuentro, para todo tipo de encuentros. Aparece la voluntad del personaje por elegir los temas, las esculturas a describir, los monumentos, etc., y se impone a la persona que construye el relato. Vemos que cambia hasta el tono narrativo, encontrando en el relato dos voces muy distintas. La voz apasionada capaz de trasmitir la pasión por una pieza escultórica con la simple descripción, con la palabra, o el horror con la historia que se relata, o la admiración por el pórtico o por el artista. Opuesta a esta voz, el tono contrario desprecia al artista evitando incluso mencionar su nombre, deriva al lector hacia las guías ya existentes para que conozca tal o cual lugar, o insulta al artista de una manera poco sutil, o al propio autor de las guías a las que se refiere. Dos voces, dos tonos, dos destinatarios, dos lectores diferentes. Un lector masivo, desconocido, deseoso de descubrir no Roma, sino aquello que él considera que hay que mostrar de Roma. Para este lector, el marqués usa un tono rotundo. El otro, la condesa a la que se dirige de manera explícita, recibe un tono más entrañable, respetuoso, a veces incluso de exculpación. Dos sujetos diferentes, el marqués y su opuesto.

Como auténtico turista, Sade metió en su equipaje varias antigüedades y curiosidades, entre ellas, los dibujos de Jean Baptiste Tierce, «Vista de Italia», «Paisaje de Parque Italiano», «La villa del Este», *«Champ Scélérat»*, etc., forman parte de los recuerdos del viaje. También son posibles ilustraciones originales para el libro que Sade tenía previsto publicar y del que dudó hasta del título, jugando con múltiples posibilidades, una fue *Roma, Nápoles, Florencia*, título que usaría Stendhal años después, en 1817. Los grabados servían de contrapunto a la narración y las futuras novelas de Sade estarían salpicadas de ellos.

En 1787 el marqués escribe *Justine o los infortunios de la virtud*, una primera versión de *Justine*, publicada en 1791, donde narra las desgracias de una joven que elige el camino de la virtud y en ese camino no encuentra otra cosa que el sometimiento a diferentes libertinos. Una narración que se asemeja a la historia de Santa Inés que encontramos en su texto de Roma. Más allá del relato del viaje, la estancia del marqués en Italia sería fuente de inspiración para otras narraciones posteriores.

No está claro cómo fue la salida de Italia, tal vez, dicen algunos, pasó por España desde Nápoles, y fue el personaje quién volvió a Francia y se hizo fuerte en los años posteriores, y a pesar de desear no trascender, trascendió. La visión tan personal de Roma, la elección de qué aspectos incluir en la narración de la Ciudad Eterna, el modo en el que hace suyo y comparte aquello que ve, es sin duda de gran interés, sobre todo si además se coteja su mirada con lo que hoy, ya avanzado el siglo XXI, podemos contemplar en ella. Sade, evidencia lo que no está en las guías, proyecta las sombras que poblaron los muros y propone una manera diferente de ser testigo de la historia.

PEPA MERLO

I
LA BASÍLICA DE SAN PEDRO

Lo primero que vi fue la Iglesia de San Pedro. La fachada me pareció más teatral que imponente; no me sorprendió tanto como pensaba. Sin embargo, es difícil imaginar lo vasto que es este edificio, y la magnificencia de sus proporciones hace que no nos sorprenda su tamaño. El vestíbulo es de una belleza extrema. Hay tres puertas, una grande delantera, de bronce, trabajada por un florentino[1], y dos más pequeñas, de las cuales, la de la derecha denominada Puerta Santa solo se abre en tiempos de jubileo. Al fondo del vestíbulo, a la derecha, se encuentra la estatua de Constantino, extasiado ante la aparición de la cruz[2] que se ha posado justo delante de él. La escultura se

---

1. Sade, al referirse al «florentino», alude al hacedor de la puerta principal de la Basílica. Filarete (del griego *Amigo de la Virtud*), también conocido como Antonio Averlino, Antonio di Pietro Averlino o Antonio Averulino nacido en Florencia alrededor de 1400. Fue un escultor, ingeniero, arquitecto y teórico de la arquitectura del Renacimiento. Parece, por cómo se refiere Sade al escultor, que o bien había olvidado el nombre del artista o bien no lo conocía, o bien como hace en otras ocasiones elude, con cierto desprecio, nombres que, por lo que sea, no le interesan.
2. La escultura de Bernini se encuentra en la *Scala Regia* y el escultor quiso captar el momento en el que Constantino, justo antes de la batalla, tiene la visión de la cruz proyectada en el cielo y acompañada de la frase «con este signo vencerás». Los enemigos huyeron y Constantino se proclamó vencedor. Bernini estaba construyendo una escultura para la Basílica cuando le dijeron que se colocaría en la *Scala*. La reconvirtió al Barroco utilizando el recurso del «tram-

sitúa encima de la arcada que sirve de continuación hacia la escalera vaticana. Es de un efecto sublime. Existe un gran asombro y un gran terror tanto en el rostro del hombre como en el del caballo, y no ha podido capturarse mejor este momento de perturbación.

La estatua de enfrente, a la izquierda, representa a Carlomagno, también a caballo y coronado de laurel. Pero hay una gran diferencia entre estas piezas, y la primera, de Bernini, que es infinitamente superior. La historia del suizo que dio media vuelta, después de ver el vestíbulo de San Pedro, sin entrar a la basílica, y regresó a casa creyendo que lo había visto todo, es, en mi opinión, tal y como relata Monsieur Richard, una historia creíble[3]. Es cierto que cuando las tres puertas están cerradas, es imposible saber que allí hay una iglesia. Nada hace pensar que se trate de un templo; parece más un auditorio, y sin duda el arquitecto que diseñó el de Lyon[4] se acordó del vestíbulo de San Pedro. Al decir esto, por favor, no me acusen de querer afirmar que existe un parecido entre los dos edificios. No quiero decir que haya ningún parecido, y admito que la extraordinaria suntuosidad de este vestíbulo no puede compararse con nada, pero en una

pantojo», técnica que intenta engañar a la vista jugando con el entorno arquitectónico real o simulado. Perspectiva, sombreado, efectos ópticos de fingimiento que consiguen una «realidad intensificada». Esta nueva realidad es la que Sade debió admirar en la *Scala Regia*.
3. «La decoración de este vestíbulo es tan rica y majestuosa que se cuenta que un suizo que había venido de su país para ver la iglesia de San Pedro en Roma, después de examinarla a fondo, quedó tan asombrado por su belleza que regresó sin entrar en la iglesia y nunca se enteró de que sólo había visto el vestíbulo», según narra el abate Jêrome Richard.
4. Jacques Germain Soufflot.

pieza pequeña a menudo se mezclan ideas tomadas de otra más grande, a eso me refería.

No repetiré las proporciones de este magnífico edificio, que ya se han dado en todas partes. Baste decir que tiene capacidad para ochenta mil personas[5], que mide cien toesas[6] de largo y cuarenta y tres pies de alto, desde el suelo hasta el extremo de la cruz coronada por una esfera, en la que, si colocáramos hombres uno encima de otro, cabrían casi seis, lo que debería dar una idea suficiente de su tamaño, aunque, vista desde la plaza, parezca ligera y pequeña. La iglesia de San Pedro forma una cruz más o menos de esta forma:

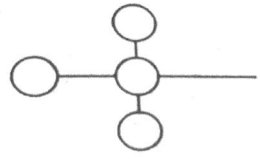

5. Se dice que tiene capacidad para más de 60.000 personas, pero el marqués detalla al alza.
6. *Toise* en el original, toesa en español, alude a una antigua unidad de longitud francesa que equivale a 6 pies franceses o a 1,949 metros. Se utilizaba para medir distancias, especialmente en construcciones y en geografía.

II
SANTA TERESA DE BERNINI

Volviendo a la ciudad, junto a la fuente *Felice*[7], encontramos la pequeña iglesia carmelita conocida como *La Madonna della Vittoria*[8]. Esta iglesia es una de las más ricas y decoradas de Roma. Todo es mármol y oro. Un recubrimiento excesivo que impide ver los muros originales.

En la capilla de la izquierda, perteneciente a la familia de Cornaro[9], originaria de Venecia, está la famosa estatua de Santa Teresa languideciendo y dispuesta a ser herida por el Ángel[10]. Una obra maestra de Bernini. Es una pieza sublime

7. El marqués se refiere a la *Fuente del Acqua Felice* también conocida como Fuente del Moisés, llamada así en honor al papa Sixto V. En ella termina el acueducto *Acqua Felice*, obra del siglo III, restaurada por el mencionado papa. Fue diseñada por Doménico Fontana y construida entre 1585-1588.

8. Santa María de la Victoria.

9. Se trata de una familia patricia veneciana descendiente de la *gens Cornelia*, que pertenecían a las doce familias del tribunal de la República de Venecia y miembros fundadores del Gran Concejo en 1172. Además del monumento a Santa Teresa, encargaron otros monumentos y obras de arte. En este caso el cardenal Cornaro, miembro de la familia, hizo el encargo. Bernini fue el hacedor, entre 1647 y 1652, hoy se encuentra en la denominada Capilla Cornaro de Santa María de la Victoria, emplazada donde se pensó que sería lugar de enterramiento de la santa.

10. La escultura representa la imagen de Santa Teresa de Ávila durante el don místico de la transverberación que describe en su *Libro de la Vida*, donde cuenta cómo un ángel le atraviesa el corazón con un dardo de oro: «*Vi a un ángel cabe* [sic] *mí hacia el lado izquierdo en forma corporal, lo que no suelo ver sino por maravilla. [...] No era grande, sino pequeño, hermoso mucho, el rostro tan encendido que parecía de los ángeles muy subidos, que parecen todos se abrasan. Deben ser los que llaman Querubines [...]. Viale en las manos un dardo de oro largo, y al fin de el hierro me parecía tener un poco de fuego. Este me parecía meter por el corazón algunas veces, y que me llegaba a las entrañas. Al sacarle,*

por el aire de verdad que la caracteriza, pero hay que tener en cuenta al contemplarla que se trata de una santa, porque por la mirada extasiada de Teresa, por el fuego que arde en sus rasgos, sería fácil malinterpretarla. El ángel bien podría confundirse con Amor y Teresa, o con su madre, o con una hermosa víctima de la malicia de Cupido[11]. Sea como fuere, esta estatua es admirable. Lo único que se le puede achacar es un exceso de drapeado en las ropas de la santa y demasiado amaneramiento en la forma en la que el ángel sujeta su dardo. Pero sabemos que la pretensión excesiva era el defecto natural de Bernini. También sería deseable que esta estatua estuviera en un emplazamiento más propicio: está demasiado alta y demasiado embutida, y es difícil verla bien.

---

me parecía las llevaba consigo y me dejaba toda abrasada en amor grande de Dios. [...] No es dolor corporal sino espiritual, aunque no deja de participar el cuerpo algo, y aun harto».
[*Libro de la Vida* en Obras de Santa Teresa de Jesús. Anotada por P. Silverio de Santa Teresa C.D. Biblioteca mística carmelitana. vol. I. Burgos: Tipografía «El monte carmelo» Capítulo XXIX, p. 234. 1915.]
La escena escultórica recoge el momento en el que el ángel prepara la flecha. Bernini consiguió representar en el rostro de Santa Teresa los sentimientos encontrados de dolor y placer. La escultura está considerada como un compendio magistral de las tres artes mayores, la arquitectura, la escultura y la pintura. Bernini mediante un tratamiento exquisito del mármol consiguió crear una fuerza dinámica y unos efectos de claroscuro que han llevado a esta escultura a ser considerada como modelo incomparable del Barroco.
11. «Si la figura de Santa Teresa estuviera desnuda, no sería más licenciosa: el ángel tiene el aire del más atrevido señorito, y la santa parece apasionada hasta la locura». (Lalande. *Viaje de un francés a Italia*) Sade anota a pie de página esta referencia tomada del libro *Voyage d'un français en Italie*, realizado en los años 1765 y 1766 por Joseph Jérôme Lefrançois de Lalande. Tal vez, incluir esta referencia literal del libro de Lalande es reflejar el sentimiento propio acerca de su percepción sobre el conjunto escultórico, pero dejando que sea otro quien exprese esa percepción «licenciosa» de la santa de una manera tan directa.

Los bajorrelieves a derecha e izquierda son bustos de mármol blanco de esta familia[12]. Enfrente se encuentra la capilla de San José. La estatua sobre el altar, a juego con la de Santa Teresa, es la de San José en el momento en que el ángel le advierte de que debe huir. Esta pieza de Domenico Guidi[13] no puede compararse con la otra, aunque tiene algunas bellezas. Los bajorrelieves de esta capilla, que encontramos también a ambos lados, son de diferente autoría[14], pero, sin duda, mejores. Cuentan la huida a Egipto. En el de la izquierda observamos al bueno de San José contemplando al niño Jesús que María sostiene en su regazo. Lo mira con la autocomplacencia característica, pero podemos leer en sus ojos, y justo por esa condescendencia, que le está diciendo a la Virgen: «Entiende, querida esposa, que éste no es obra mía».

Las pinturas del altar de la iglesia son todas de excelentes maestros. El retablo mayor venera una pintura de la

12. Familia Cornaro.
13. Domenico Guidi fue un escultor nacido en Carrara en 1625 y muerto en Roma en 1701. Guidi realizó numerosos trabajos en la Roma barroca, entre los que destacan *Ángel con lanza* para el Vía Crucis de Bernini en el puente de San Ángel. Esta obra en concreto se encuentra en la capilla *Capocaccia* de Santa María de la Victoria. Se trata de la última creación del artista. Contaba con más de 70 años cuando recibió el encargo, por lo que en ella intervinieron numerosos miembros de su taller. No está claro a qué iconografía se refiere la obra de Guidi, si al sueño donde el ángel anuncia el futuro nacimiento de Jesús a San José o al sueño en el que le exhorta a huir a Egipto para salvar al niño de la matanza de los inocentes. Aunque se cree que sea este último por el gesto perentorio del ángel.
14. Los bajorelieves son obra del francés Pierre-Étienne Monnot (Orchamps-Vennes, 1657-Roma, 1733). En sus primeros años de estancia en Roma realizó dos grandes bajorrelieves, la *Natividad* y la *Huida a Egipto* para la iglesia de Santa María de la Victoria y dos figuras de ángeles para el altar de la capilla de San Ignacio en la Iglesia del Jesús. Extraña que el Marqués no mencione su nombre, tratándose de un escultor francés.

Virgen María traída de Alemania, de la que el pueblo es muy devoto. Se llama «de la Victoria» por la ayuda que los cristianos afirman haber recibido de ella en la guerra contra los infieles, algunos de cuyos trofeos cuelgan del friso. Bajo el altar de San José puede verse el cuerpo entero de Santa Victoria[15]. La santa se conserva íntegra. Está vestida con opulencia, recostada con la cabeza sobre cojines, adornada de las mismas azucenas que sostiene con la mano izquierda. La cabeza y el cuello perfectamente conservados. La piel es oscura, casi negra, la boca apretada, la nariz muy bien formada, pero no con la perfección de los ojos. Este cuerpo es objeto de veneración.

---

15. Después de la victoria católica en la batalla de la Montaña Blanca en 1620, que hizo retroceder la Reforma en Bohemia, la iglesia fue consagrada de nuevo a la Virgen María. Una imagen maltrecha había sido recuperada de aquella batalla por Fray Domingo de Jesús María, de dicha Orden, de las ruinas de la casa de campo de un noble cristiano bohemio, a la cual se le atribuyó la victoria, llamándola Santa María de la Victoria. La imagen fue llevada a Roma por Fray Domingo, depositándose en Santa María la Mayor en presencia de Gregorio XV. El nombre de Santa María de la Victoria, se dio ulteriormente, en conmemoración por haber reconquistado el emperador Fernando I la ciudad de Praga en 1671. Estandartes turcos capturados en el Sitio de Viena de 1683 cuelgan en la iglesia como recordatorio de este episodio victorioso.

III
RELIQUIAS Y PREJUICIOS

La Basílica de la Santa Cruz de Jerusalén no está muy lejos de la obra[16] de la que acabamos de hablar. Esta iglesia habría sido muy interesante de no ser por la estupidez del arquitecto encargado de restaurarla siendo papa Benedicto XIV. Para hacerla más sólida, enterró las soberbias columnas de granito bajo pesadas y macizas pilastras, lo que estrechó el edificio y le dio un aspecto desangelado, ya que mantiene, junto a las columnas actuales, las antiguas que se habían conservado. A parte de eso, esta iglesia puede considerarse digna de admirar. El pabellón del altar está sostenido por cuatro finas columnas de mármol con sus bases y capiteles de bronce dorado. Bajo el altar hay un retablo antiguo de una sola pieza con adornos modernos de bronce. Allí, dicen, se encuentran los restos venerados de San César y de San Anastasio. Esta composición sublime, ¿no estaría mil veces mejor libre de infamias en alguno de los bellos palacios de Roma, que sepultado bajo este altar? Pero la superstición de la Roma moderna priva cada día a

---

16. Se refiere a la escultura de Santa Teresa de Bernini descrita en el capítulo anterior que se encuentra en la iglesia de Santa María de la Victoria y que dista unos 30 minutos andando de la Basílica de la Santa Cruz de Jerusalén por vía Torino.

los curiosos de infinidad de piezas preciosas con una implacabilidad casi similar a la que propició la destrucción en la Roma antigua por los bárbaros. La inscripción que confirma la realidad de estos crímenes, o que perpetúa la falsedad, se encuentra en el friso detrás del altar mayor. La tribuna[17] representa a Elena en el Calvario descubriendo la cruz del Salvador. Se realizó un experimento con enfermos reales para averiguar cuál de las tres cruces que se encontraron en un pozo al mismo tiempo era la verdadera[18]. Una Elena triunfante la sostiene. El resto del tema es similar a este gran hallazgo, y mientras admiramos el hermoso fresco, cuyo paisaje es idéntico al de Tierra Santa, uno lamenta que el artista se haya esforzado en perpetuar la impostura. Esta obra es de Pierre Perugino, maestro de Rafael. Pero su frescura parece indicar que fue restaurada al mismo tiempo que la iglesia.

A derecha e izquierda hay otros dos frescos mediocres.

Encontramos bajo el templo dos capillas conectadas por un vestíbulo en el que se halla un mausoleo de segundo orden perteneciente al cardenal Besozzi. A la derecha de

---

17. La tribuna es la galería, generalmente en un primer piso, sobre las naves laterales, que se abre a la nave central.
18. El marqués narra con la certeza de que quién lea su relato conoce el asunto del que habla, y resume a la mínima expresión contenidos, creando ambigüedad en el texto. Se refiere a la historia en la que se narra cómo los judíos escondieron las cruces del Calvario en un pozo para impedir su veneración. Elena, con la ayuda de un judío que conocía el lugar encontró el pozo y al sacar de él las cruces las acercó (no a tres enfermos como narra Sade) a una mujer moribunda que, al tocar la cruz de Cristo, sanó. Se dice que Elena dividió la Cruz en tres partes y cada parte viajó a un lugar diferente: una hacia Constantinopla, otra hacia Jerusalén y la tercera a Roma.

este mausoleo descubrimos la capilla de Santa Elena. Se la puede ver en el altar, siempre ornamentada con el símbolo de su triunfo. Se dice que casi todo el suelo está formado por la tierra del propio Calvario. A la izquierda, y enfrente de la capilla de la santa, hay otra que menciono solo en aras de la precisión, y sobre la que no parece haber nada en absoluto que decir.

Santa Elena es una de las siete basílicas de Roma siempre abiertas durante el año que los católicos llaman Santo[19]. No nos detendremos aquí a relatar la historia de esta santa y fructífera farsa de la corte de Roma, y proseguiremos con nuestra descripción. El pavimento tiene forma de mosaico hecho con trozos de mármol de varios colores. Toda la decoración exterior, así como la de los claustros y el interior, no puede ser más agradable. Se dice que en esta iglesia se conservan las preciadas reliquias de una parte de la inscripción de la cruz verdadera, un clavo de la misma cruz y una espina de la corona del Galileo. Sin pretender desacreditar este santo disparate, vayamos más lejos y demostremos claramente, aunque esto nos aleje un poco de nuestro propósito, que hay una probabilidad entre cien de que la cruz que encontró Santa Elena sea la verdadera y que, en consecuencia, los trozos que de ella se venden en Roma, suponiendo (lo cual es todavía más dudoso) que todos correspondan a esta cruz, pueden pertenecer tanto a

---

19. Se refiere al Año Jubilar, periodo especial en la Iglesia Católica que se celebra cada 25 años y que se caracteriza por la concesión de indulgencias plenarias a los fieles que cumplen ciertas condiciones.

la cruz de Jesús como a cualquiera de las cruces de los otros cien mil sinvergüenzas que perecieron por este suplicio durante el tiempo que duró el reino de los judíos, que, como sabemos, sólo ejecutaban a sus criminales de esta manera. ¿Acaso el gran interés que al principio parecían tener los cristianos por perdonar la vida a la madre del emperador, que pertenecía a su secta[20], no arroja ya alguna sospecha sobre este supuesto hallazgo? La madre de Constantino encuentra la verdadera cruz. Esta misma cruz se le aparece a Constantino la víspera del día en que debe combatir al tirano Majencio[21]. ¡Qué efectos produce esta cruz y cómo aquí la política parece ponerla en juego! Pero analicemos la manera en la que se descubre. Elena, de visita en Tierra Santa, encuentra tres cruces en el fondo de un pozo. ¿Por qué son las de Jesús y sus dos compañeros? Las inscripciones ya no estaban allí, porque si hubieran estado, no habría

---

20. El marqués se refiere al catolicismo denominándolo secta.
21. Leemos en la página de la Academia de Historia: Majencio. *Marcus Aurelius Valerius Maxentius.* ¿Siria?, *c.* 275-278 o 283 – Roma (Italia), 28.X.312. Emperador de Roma (306-312). Hijo del emperador Maximiano y de Galeria Valeria Eutropia —de origen sirio—, que contrajeron matrimonio hacia el año 280 (Aurelio Víctor, *Libro de los Césares,* 40, 5; Eutropio, *Breviario,* 10, 2, 3); hermano de Flavia Maxima Fausta, que luego contraería matrimonio con el emperador Constantino I (Aurelio Víctor, *Libro de los Césares,* 40, 22) y hermanastro de Flavia Maximiana Theodora, hija biológica de Eutropia y del prefecto del pretorio Afranius Hannibalianus, que casaría con Constancio I (Eutropio, *Breviario,* 9, 22, 1; Aurelio Víctor, 39, 25). Estuvo casado con Valeria Maximilla, hija del emperador Galerio (293-311) y con la que debió de contraer matrimonio hacia 293-294; poco después nació su hijo Valerius Romulus (*c.* 294), muerto el año 309 y que sería divinizado como *Divus Romulus* en el heroon construido para su sepultura en la *Via Appia,* a la entrada de Roma, dentro del complejo que en los últimos años de la vida del Emperador incluiría una residencia imperial extraurbana —hoy el *Parco Archeologico dell'Appia Antica*— como complemento a la residencia oficial en el Palatino. De su etapa anterior al gobierno no hay apenas noticias.

habido que preocuparse por investigar cuál era la correcta. Por lo tanto, hay fundamentos para creer que estas tres cruces podrían haber sido tanto las de Jesús y sus compañeros como la de cualquier villano. Me parece que, para estar seguros del hecho, no se tomaron las mismas precauciones que tuvieron después para distinguir la legitimidad de la auténtica cruz de Jesús de las otras dos, cuando se supuso que no había duda de la autenticidad de las tres. Así que aquí están. Pero no hay inscripciones. ¿Cómo saber cuál es la verdadera? La prueba que se realiza para comprobar la autenticidad es excelente, da mucha confianza. Se lleva a un enfermo: se colocan las cruces alternativamente sobre el enfermo, y se decide que la que le cure de las tres será la verdadera. He aquí al hombre que obliga a Dios a realizar un milagro, y basándose en este milagro tan incierto, ¡debo creer en otro aún más incierto! Pero ya que el hombre era el hacedor del milagro, ¿por qué no lo realizó de tal manera que nunca pudiera ser cuestionado? ¿Por qué la cruz milagrosa no se presenta a los ojos de los tres o cuatro mil espectadores? ¿Por qué elegir una curación que es el más sospechoso de todos los milagros, pues es muy fácil subyugar al supuesto enfermo y hacerle representar el papel que se quiera? En resumen, ¿por qué respaldar un milagro con otro milagro, y tratar siempre de obligar a la naturaleza a contradecir a la razón?[22]

---

22. Nota manuscrita del Marqués de Sade en una hoja: «Invención de la Santa Cruz por Santa Elena, para colocar en el artículo ya escrito sobre Santa Elena».

Pero no nos detengamos más en estas elucubraciones, señora Condesa, son una carga demasiado pesada para la humanidad. Dejemos estas miserias y estos absurdos a la gente que se alimenta con ellos, y ni siquiera nos compadezcamos. Los niños necesitan sonajeros.

IV
SAN LUIS DE LOS FRANCESES
Y LA VILLA MÉDICI

La iglesia de San Luis de los franceses, atendida por sacerdotes de esta nación, es un edificio muy elegante, aunque no muy grande. Todo es magnífico y dorado. Monsieur Richard[23] describe con detalle las pinturas de esta iglesia y me dispensa así hablar de ellas.

Pero lo que no menciona en absoluto, y merecía un artículo, es un pequeño cuadro de Correggio[24], cuidadosamente guardado en una vitrina, que representa a una Virgen con el niño en brazos, una pieza de la mayor belleza y delicadeza, y tanto más preciosa cuanto que es la única que existe en Roma de este célebre artista. También me parece demasiado desenfadado el elogio que hace del hermoso retablo del altar de la sacristía obra del flamenco Miel, que representa a San Dionisio (y no a un obispo, como él[25], devolviendo la vida a un ciego). Esta composición, llena de fuerza, naturalidad y verdad, debería, me parece, haberle

---

23. Se refiere al abate Jérôme Richard (1720-?) canónico de Vézelay, traductor del griego antiguo y autor de la obra *Descripción histórica y crítica de Italia*, mencionada en el prólogo.
24. Antonio Allegri da Correggio (Correggio, 1489-1534), conocido como Correggio, fue un pintor italiano del Renacimiento, de la escuela de Parma, que se desarrolló en la corte de los Farnesio durante el apogeo del Manierismo en Italia.
25. Se refiere a Monsieur Richard.

suscitado un poco más de entusiasmo. Si, por prudencia, sólo reserva los aplausos para autores cuya fama está consolidada, ¡cuidado, no sea que este ejemplo de sagacidad, si tiene éxito, se convierta en perjudicial para su reputación! Esta cautivadora composición de sieur[26] Miel me produjo el mayor de los placeres. Encontré en ella el colorido más fresco, un trazo preciso, el dibujo más correcto y la naturalidad más pura en todas las expresiones. Hay algo del estilo Guercino[27] en este cuadro, lo que contribuye en gran medida a la vivacidad del placer que proporciona. Que no se piense, sin embargo, que al decir esto quiero disminuir el elogio y decir que es sólo por reacción que se experimenta este placer. El mérito y la satisfacción producidos pertenecen al autor, y no sé, para convenceros de lo que digo, cuál de los dos se recordará más cuando se vea la obra del otro.

Monsieur Natoire[28], director de la Academia de Francia en Roma, ha querido sacrificarse por la patria dejando una muestra de su pincelada en el techo. El tema es Francia de rodillas implorando a San Luis en la gloria, que ofrece el cáliz (sin duda de nuestros dolores) a Jesucristo, a quien

---

26. «Sieur» es un término de cortesía similar a Monsieur que en el pasado se aplicaba como título honorífico para hombres, especialmente aquellos de la nobleza. Actualmente se utiliza como forma común de dirigirse a un hombre.
27. Giovan Francesco Barbieri (Cento, 1591-Bolonia, 1666), más conocido con el apodo Guercino o Il Guercino, fue un pintor representante del periodo de transición del clasicismo romano-boloñés al barroco pleno. Padecía estrabismo, de ahí su sobrenombre. La palabra «guercino» es el diminutivo de «guercio» que en italiano significa «bizco» o «estrábico».
28. Charles-Joseph Natoire (1700-1777). Fue director de la Academia francesa en Roma de 1751 a 1775. Pintor rococó es reconocido principalmente por la serie de *La historia de Psique* del *Hôtel de Soubise* de París, y los cartones de *La historia de Don Quijote* conservados en su mayoría en el castillo de Compiègne.

vemos en el cielo. Aparte de la mala elección de la temática, tan propicia para despertar el sarcasmo italiano, la composición no está hecha para ubicarse tan cerca de las obras maestras que abundan en Roma. Los drapeados son ásperos, los dibujos incorrectos y la nación hubiera deseado que este honrado mortal, cuyas virtudes sociales son infinitamente superiores a las dotes pictóricas, no hubiera expuesto su honor de una manera tan descarnada.

La villa Médici,[29] perteneciente al gran duque de la Toscana en el Monte Pincio, antes conocido como *Collis Ortulorum*, que bordea el Campo de Marte, está situada en la mejor zona de Roma. El jardín circunda las murallas de la ciudad y todavía forma parte del recinto aureliano. Es público, y como está muy aislado, se convierte en lugar idóneo de encuentro para los amores primerizos. Se arreglan apaños, se atan y se desatan. Ni siquiera sé si terminan consumando, lo que es seguro es que se pueden llevar a cabo, creo, con seguridad.

Este jardín tiene un diseño elegante, a pesar de no poseer nada destacable y de contar con un tamaño mediocre. En una pequeña colina se encuentra otra zona ajardinada que suele mantenerse cerrada, cuyos senderos estrechos, cubiertos por diferentes especies de árboles, siempre verdes, forman un paseo solitario muy agradable. En la parte más alta de la colina, una pequeña y sinuosa senda serpenteante

---

29. La Villa Médici fue adquirida por Napoleón en 1803 para instalar la Academia de Francia en Roma.

conduce a la cima, donde encontramos un mirador abierto por todas partes desde el que se puede disfrutar de la más fantástica y extensa vista de Roma. A este pequeño lugar se le ha dado el nombre de Parnaso, y la verdad es que no dejas de experimentar algunas de esas emociones que antaño bullían en la morada de las Musas, pero como las deseas, las buscas y no las encuentras, desciendes con la sensación de haber sido engañado.

V
LOS CRÍMENES DE PABLO IV

Santa María sobre Minerva[30], iglesia de los dominicos, está erigida sobre los cimientos de un antiguo templo del que habla Plinio y donde Pompeyo, después de su triunfo, concedió a esta divinidad la Sabiduría. Encontramos una estatua de Cristo cargando su cruz, tallada por la mano de Miguel Ángel, en marcado contraste con el Jesús Catecúmeno del que hablé en el cuadro de Naldini[31], situado en una capilla de la Trinidad de las Montañas[32]. Si uno representó a su héroe demasiado joven

---

30. *Santa María sopra Minerva*, ubicada en el Campo de Marte, está considerada como la única iglesia gótica de Roma. Construida sobre un templo pagano (*sopra*) dedicado a la diosa Minerva. Pompeyo construyó el templo alrededor del año 50 a. C. y se denominó *Delumbrum Minervae*. Se encuentra cerca del Panteón, en la pequeña plaza Minerva. Se han descubierto restos de un templo a Isis y en 1665 se halló un obelisco egipcio enterrado en el jardín del claustro dominico adyacente al templo.
En el templo se encuentra la tumba de Santa Catalina de Siena (excepto su cabeza que está en la basílica de Santo Domingo en Siena), así como el papa Pablo IV, Urbano VII, y los papas Médicis León X y Clemente VII, al tratarse en origen de la iglesia nacional de los florentinos antes de la construcción de San Juan de los Florentinos, por lo que era el lugar de enterramiento de los prelados y nobles de la ciudad toscana. Fra Angelico, el pintor renacentista murió en el convento anexo a la iglesia. La iglesia posee frescos de Filippino Lippi en la Capilla Carafa y un Cristo Redentor en mármol de Miguel Ángel (1521).
31. Giovanni Battista Naldini (Fiesole, 1535-Florencia,1591), pintor florentino del Manierismo tardío.
32. La iglesia de *Trinità dei Monti* es una iglesia muy popular en Roma por su ubicación en el centro histórico de la ciudad. Su nombre completo es *Santissima Trinità al Monte Pincio* (Santísima Trinidad en el Monte Pincio). Domina el paisaje urbano de la *Piazza di Spagna*, pues se enclava en la cima de sus famosas escalinatas.

y demasiado bello, el otro, cayendo en el defecto contrario, le otorgó un exceso de vigor y fuerza. Lo convirtió en un portento. El pueblo, sobre todo las mujeres de bien que prefieren este aspecto a una fisonomía afeminada, sin duda con razón, tiene tal devoción por esta estatua que presenta el pie de mármol desgastado a fuerza de besarlo, por lo que se han visto obligados a cubrir el pie con un coturno[33] de bronce, que las comadres van a besar con la misma devoción y que sin duda pronto desgastarán también.

En esta iglesia hay cinco hermosos mausoleos papales: el de Urbano VII, el de Pablo IV, el de Clemente VII, el de León X y el de Benedicto XIII. El de Urbano VII es el más vulgar, mientras que el de Benedicto XIII es el más espléndido de todos; aparece en los dibujos de Carlo Marchionni[34]. La estatua del Papa, magnífica y grandiosa, colocada encima de la urna, está acompañada de emblemas religiosos y del «emblema la benignidad». El bajorrelieve de la urna representa un cónclave. Cincelado por la misma mano que realiza la estatua del pontífice, ambas piezas son muy superiores a las estatuas adyacentes.

La de Pablo IV[35] es de un magnífico diseño, aunque sencilla y sin atributos destacables. Está decorada tan sólo con cuatro hermosas columnas de mármol egipcio y la estatua del Papa, en cuyo rostro reconocemos los rasgos de

---

33. Calzado griego adoptado por los romanos que cubría hasta la pantorrilla.
34. Carlo Marchionni (Roma, 1702-1786), arquitecto, escultor, dibujante virtuoso, que frecuentaba los círculos artísticos e intelectuales.
35. Gian Pietro Caraffa, papa de 1555 a 1559 bajo el nombre de Pablo IV.

este hombre duro que, sin tener en cuenta las leyes de la sangre, hizo encausar a toda su familia. Mandó estrangular en la prisión al cardenal Caraffa, su sobrino; decapitar en el Puente San Ángelo al duque Montorio, hermano del cardenal, y a otros dos parientes suyos, el conde de Aliffe, cuñado de este duque, y Leonardo Cardini, cuya memoria al menos fue restituida gracias a Pío V, legatario de Pío IV, quien le sucedió de manera inmediata. Este pontífice era tan odiado que no había cerrado aún los ojos, cuando el pueblo rompió su estatua del Capitolio e hizo rodar la cabeza a lo largo de las escaleras que conducen a él, del lado del convento de *Ara Coeli*[36].

En el coro se hayan los mausoleos de Clemente VII y León X, de un mármol blanco, pero tan ennegrecido que hoy semeja madera. Son de Bandinelli[37], rival de Miguel Ángel y puede que se trate de una de las obras que

---

36. Su nombre proviene de una leyenda según la cual una sibila habría predicho a Augusto la venida del hijo de Dios diciendo «Haec est ara filii Dei», o «Este es el altar del hijo de Dios»: de ahí el nombre Ara Coeli. La escalera de la iglesia de Santa Maria d'Aracoeli fue construida en el año 1348 por voluntad popular como agradecimiento por el final de una epidemia. En el siglo XVIII, los campesinos que acudían a Roma para vender sus productos pasaban la noche en los escalones. Al príncipe Caffarelli, que vivía en los alrededores, no le gustaba este descanso nocturno. Después de muchas quejas inútiles, mientras los campesinos dormían, lanzó desde lo alto de la escalinata barriles llenos de piedras. El resultado fue una multitud de muertos y heridos, y los campesinos abandonaron la escalinata para siempre. Antiguamente, se subía la escalinata de noche de rodillas recitando Avemarías y De Profundis, encomendándose a los tres reyes magos, Melchor, Gaspar y Baltasar, para obtener los números ganadores de la lotería. Y parece que funcionaba.
37. Si es cierto que el florentino Baccio Bandinelli (1493-1560) realizó los diseños para los monumentos de León X y Clemente VII, las tumbas de ambos papas son obra de Antonio da Sangallo el Joven (1484-1546). Las esculturas pueden contemplarse hoy en la basílica de *Santa María sopra Minerva*, con el mármol limpio.

legitiman esta orgullosa rivalidad. Hay algo bastante singular y es el hecho de que no tengan inscripciones. Durante mucho tiempo se pensó que estaban detrás de la sillería del coro, pero la casualidad quiso que me encontrara en una exploración y pudiera comprobar con mis propios ojos que la carpintería no ocultaba nada y que efectivamente estos dos monumentos tampoco.

VI
EL PANTEÓN

Pero es aquí, señora Condesa, es aquí donde el corazón se resquebraja, donde las lágrimas fluyen involuntariamente, es aquí, frente a este famoso templo de todos los dioses, en este admirable Panteón, obra maestra del magnífico siglo de Augusto, donde podemos deleitarnos con las estatuas más bellas del mundo. Convertido hoy en una miserable iglesia desnuda y ruinosa, donde la mezquindad de la superchería moderna no compensa, ni mucho menos, la ya desaparecida magnanimidad de la clásica. Marco Vipsanio Agripa, que ordenó esta magnífica construcción en el año de Roma 729, quiso dedicarla a Augusto, su suegro, pero la modestia de este emperador se opuso y Marco se la ofreció a Júpiter el Vengador, para preservar el recuerdo de la batalla de *Actium*. Colocó al fondo, en la gran hornacina donde ahora se encuentra el altar mayor, la estatua de Cibeles, como madre de todos los dioses. El pórtico, que se cree añadido, se sostiene por dieciséis hermosas columnas de granito que Miguel Ángel consideró imposible erigir tan cerca unas de otras, y a las que tres hombres apenas pueden abrazar. Junto a la puerta principal hay dos grandes nichos, en los que Agripa situó, entrando a la derecha, la estatua de Augusto, y a la izquierda su propia estatua, ambas colosales. La de Julio César, como padre del Imperio, se instaló también en el templo.

El edificio tiene forma circular, de una altura igual a su diámetro, rematada con una bóveda o cúpula de una ligereza extrema, que deja en su superficie una abertura redonda, una diáfana ojiva, hecha a propósito para disfrutar con su luz del interior de este templo, del recinto encantado donde vivían todos los dioses venerados. Hay siete nichos en el perímetro, compuestos por dos pilastras laterales y dos columnas en medio de las dos pilastras, todas de orden corintio y mármol ocre amarillo, adornos que no han sufrido la más mínima alteración y que son idénticos al antiguo templo de los dioses. En los siete nichos, sobre pedestales, encontramos las divinidades celestiales. Los dioses terrenales se distribuían en los distintos espacios que se encuentran entre las columnas delante de los nichos, tres por nicho, y bajo el edificio se hallaban los dioses infernales.

Los diseños de la cúpula se conservan desde la antigüedad, con la única excepción de los bronces que cubrían el exterior de la cúpula, que fueron retirados en parte por los godos, en parte por el ostrogodo Urbano VIII, quien, más bárbaro que los propios bárbaros, arrancó tal cantidad de restos que se construyeron con ellos las columnas y el campanario de San Pedro en el Vaticano, y aún quedó tanto que se fundió la mayor parte de la artillería del castillo de San Ángelo.

En el año 610, Bonifacio IV obtuvo el permiso del emperador Focas para convertir este templo de todos los dioses en un templo de alabanza a la Virgen y a los mártires. Y así, tras el culto a los dioses sobrevino el culto a todos los santos, pues no cabe duda de que fue en esta época cuando se instauró la liturgia. En la iglesia hay varios monumentos[38] de artistas famosos que aún recuerdan su prestigio. Entre ellos figuran los de Perin del Vaga, Annibal Carache y el gran Rafael. Carlo Maratta erigió estos dos últimos monumentos por cuenta propia y, en mi opinión, este generoso proceder habría merecido que se le dedicara el templo. Debajo de la inscripción de Rafael, el célebre cardenal Bembo, gran literato, colocó el siguiente verso[39]:

ILLE HIC EST RAPHAEL TIMVIT QUO SOSPITE VINCI RERUM MAGNA PARENS ET MORIENTE MORI[40].

Examinando el edificio, hay que tener cuidado de no caer en el error al que te empujan algunos necios en Roma, destacando las diversas hornacinas o vitrales sobre el friso, y

---

38. «"Monumento" significa todavía tumba, particularmente en poesía», definición de Las *Memorias de Trévoux*, una obra especialmente curiosa, pues se trata de un diccionario enciclopédico escrito de manera colectiva por los jesuitas, a lo largo de casi todo el siglo XVIII y denominado así por la ciudad donde se encontraba uno de sus colegios más importantes. Como enciclopedia, se diferencia del corte laico que tendrían posteriormente las obras de los ilustrados franceses. Aunque no deja de enmarcarse en la misma corriente ilustradora que invadió el siglo XVIII, especialmente en Francia.
39. En el original «distique», un término que proviene del latín *distichum* y con el que se denomina a un pareado.
40. «Aquí yace Rafael: al verle, la naturaleza temió ser vencida por él/ ahora que ha muerto, teme desaparecer».

haciéndote creer que estás ante las mismas que servían para adorar a los dioses en este templo. El hecho es de una falsedad evidente pues estas vidrieras son muy modernas. Pero lo que sí se puede considerar como original, de la misma época que el templo, son las piezas redondas de pórfido[41] que forman parte del pavimento. Es cierto que uno puede decir mientras camina por allí: «¡Los emperadores pisaron donde hoy piso yo!».

Algún que otro ignorante de la misma clase nos hace caer en otro error más al señalar las enormes puertas de bronce de este edificio y asegurar que son las mismas que colocó el yerno de Augusto. Se trata de otro dato falso. En primer lugar, las puertas no son de bronce, sino que están revestidas de bronce. Las primeras, que eran completamente de bronce y estaban decoradas con magníficos bajorrelieves, se las llevó Genserico, rey de los godos, y se perdieron en el fondo del mar cuando naufragó el barco en el que las transportaba a su patria. Las que se encuentran hoy en la actualidad procedían también de un templo, pero no se sabe cuál, ni de dónde las trajeron. El marco arquitectónico sobre el que se asientan es de mármol africano, todo de una pieza, y es tan antiguo como el propio templo.

Frente a esta iglesia —porque, ¿qué nombre debemos darle hoy?— hay una plaza donde se venden una gran cantidad de hierbas diversas, en el centro se ubica una fuente

---

41. Roca compacta y dura, formada por una sustancia amorfa, ordinariamente de color oscuro y cristales de feldespato y cuarzo.

decorada con un pequeño obelisco encontrado bajo el pontificado de Clemente XI y que este Papa erigió en ese emplazamiento.

VII
LAS VESTALES

No muy lejos de allí, cerca de la puerta Salaria[42], en los jardines de la familia Mendosi, antiguamente de Lúculo[43], se encuentran los restos del templo donde arrojaban a las vírgenes vestales que eran condenadas a ser enterradas vivas bajo unas bóvedas que aún pueden verse bajo este edificio. No repetiré aquí la aterradora forma de esta ceremonia funeraria. Sólo diré que, tras ser llevadas ocultas en una camilla y paseadas por toda la ciudad, eran abandonadas en este templo, donde el sumo sacerdote, tras unas oraciones, las desnudaba y las hacía descender por una escalera hasta las criptas que se convertirían en la última morada; una vez dentro, se sellaban con sumo cuidado[44]. Es difícil entrar en

---

42. Puerta de la Muralla Aureliana en Roma, construida en el siglo III y por la que pasaba la vía Salaria nova, una calzada romana de 242 km que comunicaba Roma con el actual Porto d'Ascoli, en el mar Adriático. La puerta tenía un único pasaje y estaba flanqueada por dos torres semicirculares. Fue demolida en 1921 para que pudieran circular los automóviles.

43. Se refiere a Lucio Licinio Lúculo (118 a. C.-ca. 56 a. C.). Político y militar romano. Fue cónsul en el año 74 a. C.

44. El enterramiento en vida al que se refiere el marqués ocurría tan solo con aquellas vestales que perdían su virginidad, lo que suponía una falta peor incluso que la de permitir que se apagase el fuego sagrado. Ellas debían guardar el fuego sagrado. Cuando se apagaba, se purificaba el templo y a la vestal, a la que se le apagaba, se la azotaba. Las vestales eran enterradas en vida y a su amante se le conducía al suplicio, pero se trataba de una excepción, de hecho, sólo se conocen veinte casos. En realidad, las vestales gozaban de privilegios, estaban liberadas de las obligaciones sociales habituales de la mujer, tenían voto de castidad y se dedicaban al estudio y la observación de los rituales estatales.

estas bóvedas. La entrada está cubierta de espinas y maleza. Reina una gran oscuridad y creo que cualquiera correría el riesgo de ser mordido por víboras o serpientes. Pero el templo, que puede visitarse casi en su totalidad, satisface la triste curiosidad que inspira esta crueldad pagana. Se trata de un gran edificio circular adornado con seis hornacinas que, con toda seguridad, estarían llenas de estatuas. La glorieta está abierta y conduce a un pequeño paralelogramo que parece haber servido de santuario del templo. Al fondo hay una hornacina de gran tamaño donde, con toda seguridad, estuvo la estatua de Vesta.

A este valle se le conocía como el *Champ Scélérat*[45]. La muralla aureliana la bordeaba por un lado y quizás el emperador limitó esta zona para no incluir el monumento en la ciudad.

Si nuestros antepasados erigieron bellos templos, debe admitir, señora Condesa, que éste es uno de los que no les honra, y es odioso castigar con la muerte a aquellas cuyo único crimen ha sido haber dedicado la vida a su trabajo. En cierto modo, nuestros conventos muestran una imagen de esta antigua barbarie. Pero el hombre, siempre ciego y supersticioso, creerá que los dioses necesitan víctimas, y cediendo a los antojos y caprichos de una

---

El servicio como vestal duraba treinta años, después podían casarse, disponían de sus bienes sin necesidad de tutor, tenían incluso el privilegio de absolver a un condenado a muerte que encontraran de manera fortuita cuando éste era conducido al cadalso. Cualquier ofensa contra ellas podía ser castigada con la muerte.
45. El término *scélérat* en francés designa al canalla o sinvergüenza.

concepción falsa de la divinidad, no supondrá que pueda honrarla de una forma mejor que degradándola aún más con estas prácticas.

Champ Scélérat

VIII
SANTA CECILIA DE MADERNO

Santa Cecilia[46]. La pieza más bella de esta iglesia es, sin duda, la estatua de la santa, obra de Esteban Maderno, que puede verse en la parte inferior del pabellón del altar mayor. Es como una hermosa flor cortada en el instante mismo de florecer. Cecilia se casó muy joven y fue asesinada en el baño durante la noche de bodas[47]. Las marcas de las heridas pueden verse en su hermoso cuello desnudo. Se

---

46. En el Trastévere.

47. Que el asesinato fuese la misma noche de bodas, tal y como concreta el marqués, no está demasiado claro. Hacia el año 480 aparecieron unas Actas de santa Cecilia anónimas, en latín, que se transmitieron en numerosos manuscritos y se tradujeron al griego. Se utilizaron en los prefacios de las misas del *Sacramentarium leonianum*. Según este texto Cecilia había sido una virgen de una familia senatorial romana de los Metelos, convertida al cristianismo desde su infancia. Sus padres la dieron en matrimonio a un noble joven pagano, Valerianus («Valeriano»). Cuando, tras la celebración del matrimonio, la pareja se había retirado a la cámara nupcial, Cecilia dijo a Valeriano que ella había entregado su virginidad a Dios y que un ángel celosamente guardaba su cuerpo; por consiguiente, Valeriano debía tener el cuidado de no violar su virginidad. El ángel visita a Valerio y éste se convierte también al cristianismo. Tiburcio, el hermano de Valeriano, también fue convertido al cristianismo y vivió con ellos en la misma casa, en completa pureza [sic]. El prefecto Turcio Almaquio condenó a ambos hermanos a la muerte. El funcionario del prefecto, Máximo, fue designado para ejecutar la sentencia. Pero se convirtió al cristianismo y sufrió el martirio con los dos hermanos. Cecilia enterró sus restos en una tumba cristiana. Luego la propia Cecilia fue buscada por los funcionarios del prefecto. Fue condenada a morir ahogada en el baño de su propia casa. Como sobrevivió, la pusieron en un recipiente con agua hirviendo, pero permaneció ilesa. Por eso el prefecto decidió que la degollaran allí mismo. El ejecutor dejó caer su espada tres veces, pero no pudo separar la cabeza del tronco. Huyó, dejando a la virgen bañada en su propia sangre. Cecilia vivió tres días más, dio limosnas a los pobres y dispuso que después de su muerte su casa debía dedicarse como templo. Y cuentan que cantaba mientras sufría el martirio, de ahí que sea la patrona de la música.

aprecian las tres estocadas donde fue acuchillada; de ellas mana la sangre. La forma en la que se desploma, sin duda justo en el momento de la espiración de esta muerte violenta, es el instante que el artista le arrebató. Al menos, se puede asegurar que se tomó tal y como se encontró en las catacumbas de San Sebastián. La cubre la misma camisa que llevaba en el baño; la delicadeza del drapeado y la destreza con que revela los contornos son sublimes. Cecilia era pequeña, delicada y hecha para ser pintada. El artista ha conservado toda la gracia de su modelo, y la muerte que la inmoviliza parece, si cabe, hacerla aún más interesante. Su cabeza, envuelta en un sencillo pañuelo, está inclinada hacia la tierra en una postura un tanto forzada, pero podemos reconocer en ella la manifestación de la angustia postrera. Sus delicadas manos extendidas y algunos de sus dedos retraídos como por efecto de una fuerte y súbita agonía. Es un cadáver que reposa ahí... Pero sigue destilando toda la delicadeza y la esbeltez de una joven de diecisiete o dieciocho años, tan interesante como bella. Hay una verdad tan impactante en esta pieza divina que no puedes mirarla sin conmoverte. Considero que semejante representación tan solo sería superable en impresión si alguien se hubiera interesado con verdadero interés en tomar a una desdichada modelo, es decir, ante el cadáver de quien hubiera experimentado la misma suerte. El efecto podría ser algo peligroso. Perdónenme por insistir quizás demasiado en esta pieza. Mi gusto y mi sentimiento son sólo los de un aficionado de segundo orden, tampoco tengo otra pretensión. Pero admito que fue la Roma moderna la que me provocó más placer y la que me hizo experimentar una sensación más viva.

El pabellón del altar mayor de esta iglesia está sostenido por cuatro hermosas columnas de mármol veteado blanco y negro de la mayor rareza. Son antiguas y es muy posible que formaran parte de la casa de esta joven romana, construida en el mismo lugar donde hoy se alza su iglesia. Al fondo de la iglesia, sobre el frontispicio del ábside hay un cuadro, conocido como la Guía, que representa el martirio de la santa. Aunque esta pieza me resultó fría. Es difícil reconocer su estilo y no creo que se corresponda con ella. En el altar mayor, de estilo gótico y orientado hacia la puerta, según la antigua costumbre, hay un pequeño medallón de dos caras. En el lado de la puerta vemos una hermosa Madonna de Annibal Carracci y en el otro un crucifijo, pero de inferior factura. Bajo este altar se encuentra el cuerpo de la santa. Todo el conjunto tiene una forma agradable. Las naves están sostenidas por atractivas columnas de estuco. Está regido por las monjas benedictinas. Encontramos también varias tumbas de cardenales, cuya obra es digna de estima, pero que no tienen nada de poético o erudito.

Una parte de la casa de la santa se ha conservado más o menos como estaba. Esta parte es el propio cuarto de baño donde fue degollada. Aquí se pueden ver dos bañeras, las placas de cobre sobre las que se apoyaban, las tuberías, los conductos, los depósitos de agua caliente y todo lo propio de una vivienda así. Después de contemplar la magnífica estatua de Maderno, la pieza adquiere el máximo interés y uno no puede evitar mirarla con cierta emoción.

En esta sala se ha construido una capilla, en cuyo altar se encuentra el Martirio de la Santa, copiado del que acabo de mencionar. Frente a la puerta, apoyado en la pared de la sacristía, hay un fragmento, otra pieza de la Guía, mal conservado, que representa la aparición de un ángel a esta joven mártir. En la sacristía, una pequeña virgen, no de Rafael, como afirman los sacristanes, sino de sus discípulos. Cerca de allí, encontramos dos cuadros de Vanni que se deterioraron en el subsuelo donde se hallaban antes, uno de los cuales representa el Entierro de la Santa y el otro, de tema muy diferente, sin duda, su matrimonio celebrado por el papa Urbano I. En el pasadizo subterráneo, que, dada la gran altura de todos los edificios modernos de Roma, era sin duda la planta baja de la casa de Cecilia, podemos ver cuatro pequeños altares formados por cuatro hermosas urnas antiguas que contienen los cuerpos de diferentes mártires. En uno de estos altares hay una inscripción del papa Gregorio VII, un pontífice de finales del siglo XI, que atestigua que fue él quien consagró este altar. No se debe abandonar esta iglesia sin contemplar una obra muy atractiva de Conca[48] en el techo, cuyo tema es el Triunfo de la Santa.

---

48. Sebastián Conca, apodado «Il Cavaliere» (1680-1764).

IX
SANTA LUISA[49] ALBERTONI DE BERNINI

---

49. Ludovica Albertoni

San Francisco a Ripa[50] la encontramos en el mismo lugar célebre que acabo de describir. En el altar del crucero, a la izquierda, hay una escultura muy apreciada de Bernini, cuyo tema es Santa Luisa Albertoni, de una familia noble de Roma. Recrea la angustia de la muerte, tendida sobre un hermoso colchón de mármol blanco, envuelta en un sudario cuyo drapeado me pareció demasiado rígido[51]. La expresión del rostro es la aflicción misma. ¿Por qué el artista no se ha ajustado a la realidad en todo lo demás? El cojín y la almohada en los que reposa la cabeza son de una realidad sorprendente, pero la posición de las manos es demasiado artificiosa. Desde luego, no se las coloca con esta gracia en el momento de la expiración. ¡Esta podría ser la aterradora

50. Existe una nota en francés que traduce el nombre italiano San Francesco a Ripa como Saint-François-sur la Rive, San Francisco a orillas del río/ en la ribera, refiriéndose al término *Ripa* que alude a la ribera del Tíber cercana a esta iglesia dedicada a Francisco de Asís, pues el convento anejo a la iglesia es el lugar donde se alojó durante su visita a Roma en 1229. Los orígenes de esta iglesia se relacionan con el convento que existía en el barrio del Trastévere de Roma desde el siglo X o XII. Tenía anejo una iglesia, construida en 1231 y dedicada a San Blas (San Biagio). La iglesia estuvo en algún momento decorada con un ciclo sobre San Francisco, hoy perdido, obra de Pietro Cavallini, prototipo de los famosos frescos sobre la *Leyenda de san Francisco*, adscritos a Giotto di Bondone, en la Basílica Superior de San Francisco de Asís.
51. Otra crítica que Sade toma de La Lande: «Los drapeados son excesivamente manieristas: su hábito, que es el de una religiosa, debería ser como la lana, pero está tratado como la seda».

verdad que se encuentra en la Santa Cecilia de Maderno![52] El defecto de Bernini fue siempre que era demasiado pretencioso, y este defecto es crucial en un arte que solo roza la perfección cuanto más se aproxima a la realidad. Ahora bien, el arte debe parecer genuino, grandioso, pero nunca forzado. La gracia es un adorno de la naturaleza, pero no es la naturaleza, y solo a costa de imitar el motivo principal se consigue dar dignidad al sujeto. Entonces el arte aparece y deja de ser real para convertirse en algo más placentero. Estos son los escollos por vencer, aquellos que los jóvenes artistas rara vez evitan y que, bajo el nombre fatal de elegancia, la única virtud que hoy buscamos, pronto destruirán todas las artes.

En la tercera capilla de la misma iglesia, a la izquierda, hay un Jesús muerto en el regazo de su Madre[53]. Es inevitable reírse de la insulsa adulación del pintor que, contra toda razón y sentido común, ha incluido en su cuadro a una dama de la casa de Mattéi, a la que pertenece esta capilla, y a un San Francisco, fundador de los monjes que sirven en esta iglesia, que, nacido más de mil cuatrocientos años después, es indudable que no pudo estar en el

---

52. *El Martirio de Santa Cecilia* se encuentra en la Basílica de Santa Cecilia en el Trastévere, realizada la talla en 1600 por el escultor Stefano Maderno (1576-1636/60). La escultura muestra a la santa tumbada boca abajo, el cuerpo inerte, la cabeza vuelta impide ver el rostro. Las manos son la única parte del cuerpo que se nos muestra, y frente a la verosimilitud de la escultura en la que se aprecia el peso de un cuerpo muerto, las manos, chocan, por la viveza con la que sus dedos señalan.
53. El marqués podría haber resumido utilizando el término Piedad, sin embargo, el hecho de describir el grupo escultórico evitando su denominación, es un modo de tomar distancia y alejarse de la cuestión religiosa.

momento de la muerte de Cristo. Pero en Roma vemos *imbecilidades*[54] así todos los días, y es con todas estas pequeñas y mezquinas creencias locales que resulta difícil alcanzar la talla de un hombre egregio y, después de todo el esfuerzo en la vida, acabas en el mismo punto. Aparte de eso, la pieza es fuerte, un poco gris en tono, pero de gran corrección y pureza de diseño. Se atribuye a Annibal Carracci. Me cuesta creer que un artista tan grande haya podido cometer semejantes errores.

---

54. Utiliza el autor la palabra *imbécillités*, término que se define en el diccionario de Trévoux con una cita de Saint-Evremond: «*J'aime une dévotion éloignée de cette imbécillité qui se forge des miracles sur tout*» [«Amo una devoción alejada de esa *imbecilidad* que construye milagros sobre todo...».]

X
SANTA INÉS Y LA PLAZA NAVONA

Una bonita iglesia construida sobre los cimientos del templo de Platón en la Villa Adriani de Tívoli. Tiene una forma redonda muy elegante, adornada con ocho hermosas columnas de mármol corintias acanaladas. En lugar de pinturas, se han colocado tres hermosos bajorrelieves de diferentes artistas tanto en el altar frontal como en los altares laterales del crucero. El que representa el Nacimiento de Cristo en el altar mayor es especialmente llamativo. A ambos lados de las capillas se encuentran las estatuas de Santa Inés y San Sebastián situadas en perspectivas muy sugerentes, obra de Borromini. San Sebastián es una talla antigua rehabilitada, bastante mediocre; la otra es mejor. La cúpula y las vidríelas de la cúpula son de Baciccia[55]. Reina semejante confusión que es del todo imposible desenmarañar los temas. Creo que esto por sí solo es suficiente para criticar esta composición tan forzada como ridícula. Sobre la puerta principal se encuentra el sarcófago de Inocencio X, pontífice de la casa Pánfilo, fundador de esta Iglesia. En

55. Giovanni Battista Gaulli (Génova1639-Roma1709), conocido como Baciccio fue pintor barroco tendente al rococó. Reconocido por su fresco de la bóveda ilusionista, de la Iglesia del Gesù en Roma. Discípulo de Lorenzo Bernini.

la entrada a las criptas, visita obligada tanto por la deliciosa pieza de Algardi que allí se encuentra como por los detalles arquitectónicos que se aprecian, está escrito:

INGRESSA AGNES

HVUNC TVRPITIDINIS LOCUM

ANGELUM DOMINI

PREPARATUM INVENTI[56]

Estos pasadizos subterráneos fueron en su día zona fronteriza de la ciudad. Los escalones por los que se accede a ellos permiten apreciar el desnivel. En su momento se trataba de una zona de lupanares o lugares públicos de libertinaje que bordeaban el «circo Agonístico»[57] donde hoy se alza la plaza Navona. La iglesia se encuentra en este antiguo emplazamiento secular. Fue aquí donde la joven Inés fue enviada por el prefecto de Roma para ser violada. Estas jóvenes vírgenes cristianas alardeaban tanto del pudor, cuando la decadencia moral estaba en apogeo entre estos pueblos, que parecía como si acrecentaran una lujuria temeraria por el bárbaro placer de arrebatar a estas jóvenes víctimas lo que más valoraban. Inés fue conducida a este lugar de horror por los soldados de la guardia pretoriana y se le ordenó entregarse sin resistencia a la primera persona

---

56. INGRESA INÉS /A ESTE LUGAR DE INFAMIA, / DONDE DESCUBRE AL ÁNGEL DEL SEÑOR.
57. Referido al lugar en el que competían los atletas.

que la deseara. El sobrino[58] del pretor, que acaba de ver este hermoso ejemplar joven, la secuestra del lugar donde se hallaba oculta y, embrutecido, exige favores a sabiendas de que ella no puede negarse... Pero ¡oh, milagro! —y no es esto lo que suele suceder cuando se trata de custodiar a una virgen—, un ángel se le aparece al joven en la puerta que le detiene y lo mata de forma súbita. Sin embargo, la Virgen, que siempre se ha interesado por los jóvenes de espíritu, y tendrá razones fundadas para ello, lo resucita. Inés se preserva virgen, y el crimen no se consuma.

Me parece que todo este relato podría explicarse mucho mejor admitiendo simplemente que el joven, agotado por los placeres que acababa de disfrutar con la joven santa, recién salida de la infancia, con una figura fascinante, se desmayó de debilidad al abandonar sus brazos y volvió a la vida tras unas horas de angustia. Sea como fuere, el sacristán de Santa Inés, al llevarle al interior de la bóveda, no

58. Esta versión, no exenta de ironía, del Marqués de la historia de Santa Inés dista de la que se encuentra en las *Actas de los mártires*, obra del siglo V, en la que aparecen los detalles del martirio de Inés, y donde se narra que se trata del hijo del prefecto de Roma, no del sobrino. Según este texto, Inés era una bella joven proveniente de una noble familia romana. Tuvo varios pretendientes, a los que rechazó por declararse fiel amante de Cristo. Entre ellos se contaba el hijo del prefecto de Roma, quien la denunció a su padre por ser cristiana. Eran los tiempos de Diocleciano y de la persecución a los cristianos a quienes se condenaba a muerte si se negaban a santificar a los dioses romanos. Fue juzgada y sentenciada a vivir en un prostíbulo donde, milagrosamente, permaneció virgen. Según las Actas de su martirio, aunque fue expuesta desnuda, los cabellos le crecían de manera que tapaban su cuerpo. El único hombre que intentó abusar de ella quedó ciego, pero Inés lo curó gracias a sus plegarias. Más tarde fue condenada a muerte, y, cuando iba a ser degollada, el verdugo intentó que abjurase, a lo que ella respondió: «Injuria sería para mi Esposo que yo pretendiera agradar a otro. Me entregaré solo a aquél que primero me eligió. ¿Qué esperas, verdugo? Perezca este cuerpo que puede ser amado por ojos que detesto».

dejará de mostrarle el punto exacto donde el ángel detuvo al joven. En cuanto al lugar en el que la santa fue enterrada, siendo la última versión de este suceso la única con visos de verosimilitud, lo examinamos con más interés.

Se trata de una de las mismas bóvedas donde las cortesanas estaban obligadas a permanecer los días en que se ofrecían espectáculos en el circo. Allí permanecían desnudas, una lámpara suspendida sobre el pavimento iluminaba sus atractivos, con la luz justa y en el día preciso para lucirlos y hacerlos valer. Estas pequeñas habitaciones, todas más o menos iguales, podían tener algo más de tres o cuatro metros y medio[59]. Parece que al fondo había una especie de pequeña concavidad o ménsula[60], en la que, sin duda, se hallaba el templo de los placeres. Algunas tenían columnas para sostener la bóveda. En dos de ellas se dice que la bella Inés perdió su honor. Hoy, estas estructuras han sido transformadas en capillas, donde de manera ocasional se llevan a cabo ceremonias religiosas para honrar su virginidad. Es preciso reconocer, señora Condesa, que se requiere de una razón tan piadosa, tan loable como esta, para eximir de la crítica tan extraordinaria metamorfosis.

En el altar del primer pasadizo subterráneo, donde se desciende antes de entrar en las dependencias, hay un

---

59. En el original: doce o quince pies cuadrados.
60. En el original: «cul-de-lamp. En arquitectura una ménsula o «pie de lámpara» se refiere a una pieza en forma de consola saliente que soporta una estructura, por ejemplo, un balcón en una iglesia gótica.

bajorrelieve de Algardi[61] que representa a la joven santa conducida por los soldados a este lugar de libertinaje. Es una niña de no más de catorce o quince años, con una figura de lo más cautivadora. La candidez, el recato que el artista ha sabido entrever con su cincel, la ilumina y embellece aún más. Está desnuda, cubierta por su hermosa cabellera, con la que, según el milagro, se tapó de inmediato para salvaguardar sus delicados y recatados encantos de la vergüenza de ser vista por ojos tan impíos. Todas estas simpáticas composiciones son de una delicadeza extrema; es una pena que sólo se pueda juzgar su belleza a la luz de una antorcha. Esta pieza divina se realizó para estar a la vista y creo que, colocada como está ante los ojos del sacerdote que celebra la misa en este altar, no puede más que realzar demasiado las virtudes de la santa y provocar deseo en quién la contempla que, en un sacrificio tan sagrado, es motivo de distracción y, por lo tanto, objeto de ofensa al dios al que se ofrece.

Perdiendo de vista los objetos sagrados que, en este lugar, se mezclan con los profanos, y deteniéndose un poco más en estos últimos, uno no puede evitar acordarse de los escandalosos libertinajes de Mesalina que, en estas mismas cámaras, llegó, según Juvenal, a «disfrutar sin saciarse»: «*Et lassata viris nondum satiata regesit[62]*». Fue aquí, sin duda,

---

61. Alessandro Algardi (Bolonia 1598-Roma, 1654), escultor del alto barroco, se convirtió en el gran rival de Gian Lorenzo Bernini.
62. «Se retira cansada, de hombres, mas no saciada». Se trata del verso 130 de la Sátira VI de Juvenal en donde el poeta critica la moral de Mesalina, que se

donde desveló a la cortesana Lysisca con el objetivo de que suplantara su identidad y, así, retar a toda la ciudad de Roma a los combates de Venus[63]. Pero limitemos aquí, señora Condesa, estas reflexiones demasiado arriesgadas para su delicadeza, aunque bastante amenas, lo confieso, para el ardor de mi imaginación.

La fachada de la iglesia de Santa Inés, tan suntuosa como atractiva, se basa, al igual que la cúpula y la sacristía, en diseños de Borromini.

La plaza Navona, una de las más bellas de Roma, tanto por su extensión como por las hermosas fuentes que la adornan, está situada, como ya referí en el apartado sobre Santa Inés, de una manera muy acertada, sobre el circo agonístico que construyó Alejandro Severo[64]. Ha

---

prostituye en los barrios bajos de Roma. La frase «Lassata sed non satiata», la tomó Baudelaire como título para uno de sus poemas.

Lysisca era en realidad el seudónimo de Mesalina. El Marqués toma de este episodio de Juvenal el motivo para su texto:

Pues mira a los que rivalizan con los dioses, y oye lo que soportó Claudio. Tan pronto como su esposa se dio cuenta de que su marido dormía, esta augusta ramera tuvo la desvergüenza de preferir una estera común al diván imperial. Vistiendo en camisón, y asistida por una sola doncella, salió; entonces, habiendo ocultado sus mechones de cuervo bajo un peruque de color claro, tomó su lugar en un burdel que apestaba con cobertores largamente usados. Entró en una celda vacía reservada para ella y allí, bajo el fingido nombre de Lycisca, se colocó con los pezones desnudos y dorados, y expuso a la vista el vientre que te llevó a ti, noble Britannicus. Allí recibía amablemente a todos los visitantes, pidiéndoles a cada uno sus honorarios; y cuando por fin el guardián despidió a sus muchachas, ella se quedó hasta el último momento antes de cerrar su celda, y con la pasión aun ardiendo en su interior se marchó apenada. Luego, agotada por los hombres, pero insatisfecha, con las mejillas manchadas y engrasadas por el humo de las lámparas, se llevó a la almohada imperial todos los olores de los guisos.

63. Mesalina organizó una «concurso de resistencia» sexual pública en el jardín de Lucullus, donde se enfrentó a la prostituta Scilla, a quién venció. Se narra que Mesalina desafió a la propia Venus a un concurso de belleza.

64. La plaza se levanta sobre el que fue el *Stadium* de Domiciano, construido en el año 85 y restaurado en época del emperador Alejandro Severo en el siglo

conservado exactamente la misma forma. Está adornada por tres fuentes. Entre ellas, la del centro, frente a Santa Inés, es obra del célebre Bernini. En las cuatro esquinas de una gran roca, que sirve de base a un obelisco sacado del circo de Caracalla y colocado por Inocencio X, se encuentran las cuatro figuras colosales de los ríos Danubio, Ganges, Nilo y Argentina, que vierten el agua a un gran embalse adornado además por diversas especies de animales. Cabe destacar aquí las buenas críticas que Bernini hizo a la cúpula de Santa Inés cuya ubicación, demasiado próxima al borde de la fachada, parece amenazar su fuente. Para constatar esta acertada crítica, debemos examinar atentamente la posición en que están colocadas las manos del genio que encarna el Nilo. Es como si el único objetivo de llevarlas hacia delante sea protegerse de la caída de esta cúpula que le amenaza, o al menos para repelerla. La idea me pareció encantadora y la he incluido aquí con tanto mayor placer cuanto que parece haber escapado a la atención de muchos viajeros.

La segunda fuente, la del lado de la estatua de Pasquíno[65], tiene en el centro una hermosa estatua obra también

---

III. Era el lugar donde los romanos acudían para ver los «agones» (juegos). El estadio se conocía como *Circus Agonalis* y se cree que con el tiempo el nombre cambió de *in agone* a *navone* y más tarde a *navona*.
65. *Pasquino* la más conocida de las denominadas estatuas parlantes de Roma. Se convirtió en figura característica de la ciudad durante el siglo XVI. Se colocaba en ella escritos críticos y satíricos, a menudo en verso, dirigidos contra personajes públicos importantes. La estatua, mutilada, es en realidad un fragmento de una obra helenística, probablemente del siglo III a. C. Representa casi a un guerrero heleno. Algunos apuntan a que se trata de Menelao sosteniendo el cuerpo de Patroclo moribundo. Otros apuntan a que se trata de Áyax sosteniendo a Aquiles, o incluso, Hércules luchando contra los centauros. La estatua

del célebre Bernini. El resto de la ornamentación no es obra suya y no me parece que merezca mayor atención que la otra fuente, cuyo autor desconozco.

Esta gran plaza tiene la ventaja de poder inundarse cuando hace mucho calor, es entonces cuando los carruajes, que no pueden soportar el paseo por ninguna otra parte de la ciudad, vienen aquí a refrescarse. El agua sumerge las pezuñas[66] de los caballos. Estas precauciones son inestimables en un país que arde durante tres meses al año.

---

yació durante años en una callejuela medieval, hasta que en 1501 fue colocada en el lugar que ocupa en la actualidad, en la Plaza Pasquino, no lejos de la plaza Navona.
66. Utiliza la palabra *boulets* que está referida a la articulación entre la pata y el casco del caballo.

XI
EL CASTILLO DE SAN ÁNGEL

El rigor con el que estaba custodiada esta fortaleza cuando la visité, vigilancia debida a los jesuitas que estaban allí prisioneros, hizo que no pudiera entrar en las salas interiores, donde me dijeron que había algunos frescos de los discípulos de Rafael. La armería, la única sala en la que se me permitió entrar, me pareció tan insignificante como mediocre. Se dice que contiene dos mil rifles. Vi una armadura bastante refinada que, se comenta, había sido utilizada por un papa en la época de los disturbios de Ferrara. Creo que esta pieza de armadura es un objeto sin duda inútil para nuestros pontífices actuales. En un armario situado frente a la puerta, se exponen varias armas prohibidas, entre ellas puñales, cuyas incisiones deben ser mortales. Descubrí una especie de arco muy pequeño de una construcción peculiar, que había pertenecido a un español[67] cuyo único placer consistía en arrojar, por medio

---

67. Tal vez se trate del conde de Charolais, Carlos de Borbón-Condé, un miembro de la rama Condé de la Casa de Borbón, que fue Conde de Charolais y Príncipe de Condé en su tiempo, pariente de Sade por la rama Condé. Disparaba sobre los viandantes por mera distracción. Fue indultado por el rey, que prometió indultar a cualquiera que lo matara de la misma manera. El personaje se menciona dos veces en *La filosofía en el tocador*. Como moralista, Sade se propuso estudiar una manía que aún no tenía nombre en la lengua, a la que propuso

de este arco (sin otra intención que la crueldad gratuita), varios rehiletes envenenados a las calles y a la muchedumbre, allá donde se encontrara, ya fuera en las plazas públicas o a la salida de las iglesias. Esta extraña manía de hacer el mal por el puro placer de hacerlo es una de las pasiones menos comprendidas y, por tanto, menos analizadas del hombre, y una de las que, sin embargo, me atrevería a creer que puede incluirse en la categoría común de los delirios de su imaginario. Pero la rareza de la que se trata, por fortuna para la humanidad, me ahorra la preocupación.

Se dice que todas estas armas pertenecieron a villanos a los que la espada de la Justicia juntó con las almas[68] de aquellos a los que les habían arrebatado la vida. Todavía pueden verse, en el mismo lugar, un fusil y una pistola de los tiempos en que se inventó esta arma tan ingeniosa como despiadada.

La pistola del Borbón asesinado en Roma[69]. Sabéis, señora Condesa, que las rencillas de este duque con Francisco I le obligaron a pasarse al servicio de Carlos V. Dirigió el ejército del emperador en Italia y sitió Roma cuando Clemente VII se negó a dejarle pasar por su ciudad. Un

---

llamar *taquinisme* (término referido a la burla, en el sentido negativo, de molestia, mal gusto, etc.,) y que la posteridad designaría como *sadismo*.

68. En el original: *mânes*, referido a Dioses infernales o almas de los difuntos, considerados benévolos, a los que rendían culto los antiguos romanos.

69. Se refiere a Carlos III de Borbón. Carlos de Montpensier (Montpensier, 17 de febrero de 1490-Roma, 6 de mayo de 1527), *Condestable de Borbón*, comandante en jefe de los ejércitos con Francisco I, con el que finalmente se enemistó, cambiando de bando. Carlos murió el 6 de mayo de 1527, durante el Saco de Roma, comandando las tropas imperiales, pero los títulos ya habían pasado al dominio real en 1523.

vizcaíno le mató y le impidió disfrutar de su victoria. El príncipe de Orange, que estaba bajo su mando, tomó la ciudad y la entregó al pillaje y al saqueo. Pero hay una anécdota bastante extraña que quizá no le resulte familiar. Los luteranos, dueños de la ciudad, se pusieron las sotanas de los cardenales, se apoderaron del cónclave y declararon a Lutero cabeza de la Iglesia. ¿Los iluminó el Espíritu Santo como a los que eligieron al pobre Clemente VII, relegado por el mismo tiempo al castillo de San Ángelo? Eso es lo que no sé, y si no hizo más por unos que por otros, ¿por qué Lutero no fue tan buen Papa como él?

El arma que mató a este desafortunado general también se exhibe con el mismo protagonismo que su armadura en el Vaticano. Se puede ver la impronta del vizcaíno[70] en el muslo izquierdo. Pero ya que los romanos incluyen esta armadura entre sus trofeos, que creo apócrifa o al menos ignorada por sus conquistadores, ¿no podríamos exigir con más justicia que incluyeran a Lutero entre sus retratos papales?

---

70. Anota: Proyectil de hierro fundido de arma de fuego.

XII
SAN LORENZO Y LAS CATACUMBAS

San Lorenzo, iglesia situada fuera de la puerta Tiburtina[71], dista alrededor de una milla de las murallas de la ciudad. Como todas las iglesias antiguas de Roma, se atribuye a Constantino. Es probable que la nave estuviera adosada a un antiguo templo pagano, cuyo nombre se desconoce. La prodigiosa depresión de las columnas de esta segunda parte demuestra que siempre han estado allí y que, o bien las ruinas cercanas o las de este mismo edificio, las han semienterrado, tal y como las vemos hoy. A juzgar por la inmensidad de estas columnas del coro, el templo debía ser considerable. Sus capiteles, de estilo corintio muy ornado, son de un diseño magnífico, por lo que los artistas los tienen en gran estima. Hay cinco a cada lado. Los del coro, veintidós en total, son los restos de algún otro templo cercano: también tienen una forma muy particular. Bajo el altar hay una capilla subterránea que contiene parte del

---

71. La puerta Tiburtina de Roma es una puerta histórica que formaba parte de las murallas de la ciudad. Originalmente, era un arco monumental construido por Augusto para el paso de acueductos sobre la Via Tiburtina. Más tarde se convirtió en una de las puertas de las murallas aurelianas, sirviendo como punto de entrada y salida de la ciudad. Se conoce también como puerta de San Lorenzo y se trata de un ejemplo de la arquitectura romana antigua y un testimonio de la importancia de las murallas para la defensa y organización de la ciudad.

cuerpo de San Esteban y el cuerpo entero de San Lorenzo. En esta iglesia hay dos púlpitos o ambones, que me parece que no tenían otro uso que el que se ve en todas las iglesias antiguas como en la de San Clemente, etc.

A la derecha, según se entra, encontramos una urna, decorada con bajorrelieves que reproducen un sacrificio, en la que fue enterrado el sobrino de Inocencio IV, según reza en la inscripción. El altar mayor, de estilo gótico, tiene cuatro hermosas columnas de pórfido. En esta iglesia se exhibe una piedra manchada de sangre, sobre la que se afirma que fue colocado el cuerpo de San Lorenzo tras su martirio. Pero la parrilla no aparece por ninguna parte, como asegura Monsieur Richard. El sacristán incluso afirma no haber oído nunca que hubiera estado en la casa.

Los pasadizos subterráneos o catacumbas, a los que se desciende por una pequeña escalera que conduce al interior de la iglesia, son al menos tan curiosos como los de San Sebastián y de seguro se utilizaban para los mismos fines. Las bóvedas me parecieron más estrechas y tortuosas, y el guía que nos llevó, doscientos o trescientos escalones más abajo, nos dijo que se comunicaban con las de San Sebastián, y que incluso había oído decir que llegaban hasta el mar. Lo cierto es que son pocos los que se sienten impulsados por la curiosidad que suscita descubrir su final y que yo mismo creería muy peligroso emprenderlo. Estos intrincados túneles serían refugios propicios para el crimen, si los monjes de la casa construida sobre ellos tuvieran algún interés en acometerlo, y por muy honrados que se les suponga, confieso que mi seguridad no llegaría al extremo de dejarme ningunear por ellos, si algo de mi sustento pudiera despertar su codicia.

XIII
EL COLISEO

Construido por Vespasiano a su regreso de la conquista de Judea. Estos son los monumentos por los que podemos juzgar fácilmente el poder de un pueblo y la magnificencia de sus líderes. Lo que queda de este edificio apenas basta para mostrar lo que fue. Alrededor de una enorme arena se alzaban cuatro hileras de escalones de inmensa altura, en la última de las cuales había una galería que daba toda la vuelta. Parece que la primera hilera, de la que no quedan restos, debió avanzar sobre la arena actual y, en consecuencia, la fue reduciendo hasta hacerla más pequeña de lo que parece hoy. Se entraba por dos puertas, pero había tanto espacio en el exterior que se dice que este inmenso recinto se llenaba y se vaciaba en muy poco tiempo. En un segundo nivel, muy bien conservado, se encuentra gran parte de la galería rotante, por la que paseaba la gente mientras esperaba el espectáculo, y desde la que se comunicaba, bien con los asientos de esta altura, bien con los de arriba o bien con los de abajo, a través de tramos de escalera, desde los que aún pueden verse las gradas, unas que subían y otras que bajaban. La construcción de estos cuatro cuerpos, colocados superpuestos de forma fluida, daba una gracia singular al interior del edificio y facilitaba la visión desde cualquier punto. Pueden contarse ochenta arcadas sostenidas por pilastras dóricas. Así mismo, se aprecian los agujeros en las pilastras de este hermoso monumento, realizados, tanto por los destructores modernos como por los antiguos, para arrancar los pernos de bronce que unían los enormes cuartos de piedra de travertino[72]. Estos pernos eran el único enlace entre las dos piedras de mampostería que debían unirse, y que, una vez ensamblados, se cubrían con una ligera capa de temple. La existencia de estas ligaduras de bronce, puesta en duda por varios arquitectos, fue confirmada por la cantidad de las mismas encontrada en los escombros del derrumbe provocado por el terremoto durante el pontificado de Clemente XI, que echó abajo un arco entero en la parte frente a San Juan de Letrán. Los tres órdenes, toscano, jónico y corintio, dispuestos tal como los he descrito, son reconocibles en la parte exterior mejor conservada. No sé dónde vio Monsieur Richard el cemento, que no estaba en uso en ese momento, y que sin lugar a dudas no existe aquí. El último orden es un anillo de pilastras sobre el que hay orificios utilizados para alojar la carpa púrpura que cubría los palcos y la arena. Una de las singularidades de este enorme edificio es que es redondo por fuera y ovalado por dentro. Doce mil judíos, según se afirma, lo terminaron en un año, bajo la dirección de un

---

72. El travertino es una piedra caliza y porosa formada por depósitos de carbonato de calcio, más barata y asequible que el mármol. Extraída de las canteras de Tibur.

condenado que él mismo decoró con sus suplicios, protagonista de los primeros espectáculos que se dieron. Todavía pueden verse algunos restos de estuco y ornamentos en la tribuna del emperador. Pero, en general, todo en este monumento se ha trastocado demasiado para dar una idea clara de su magnificencia. Estamos seguros de que costó más de lo que habría costado una ciudad entera. Fue Pablo III quien comenzó a destruirlo y su sobrino, Ranucio Farnesio, terminó el palacio que lleva su nombre. Este edificio se utiliza ahora para compactar nitrato[73]. Aquí también se conserva mucho mobiliario. Estuvo abandonado durante bastante tiempo, y su aislamiento y soledad lo convirtieron en un lugar de delincuencia y libertinaje. Benedicto XIV quiso santificar este lugar profano. Designó a un eremita como responsable del lugar, donde fue asesinado hace algunos años, e hizo colocar la cruz en el centro, rodeada de pequeñas capillas que desvirtúan el coliseo e impiden juzgarlo como es debido.

¡Qué diferencia entre nuestros espectáculos y los que se celebraban allí, donde más de cien mil personas podían disfrutar a la vez del mismo espectáculo! La barbarie, lo reconozco, era característica de las sangrientas escenas representadas. Aunque al menos estos juegos no mermaban tanto el coraje como los actuales, en los que la simple pantomima de un actor suicidándose hace que se nos salten las lágrimas. Una moral más firme y endurecida acostumbró a

---

73. Salitre utilizado como pólvora en las armas de fuego.

estos héroes del mundo a ver morir a sangre fría. Eran feroces, se dice. Pues que así sea. Pero eran grandes; y nosotros somos, estoy de acuerdo, fuertes... pero muy pequeños.

XIV
LA VILLA DE ESTE

Los jardines de esta hermosa campiña están adornados con un gran número de cascadas, varios tipos de chorros de agua y diversas máquinas hidráulicas. Destaca una girándula[74], cuyo chorro de un tamaño singular se eleva a gran altura con un ruido prodigioso similar al de un trueno y no al de un cañón, como dice Monsieur Richard, quien, con toda probabilidad, nunca haya oído otra cosa que el estruendo de los Inválidos[75], incapaz de juzgar y describir el efecto de este ruido.

Todavía podemos ver en estos jardines la ejecución de una idea muy singular. En una terraza se han erigido varios pequeños edificios antiguos, templos, palacios y otras edificaciones, tanto griegas como romanas, copiadas de medallas[76] insignes. Hubiera sido deseable que el arquitecto elevara estas piezas procurando con ello la facultad de poder entrar y así, de juzgar al menos la construcción interior.

---

74. DLE: «Artificio que se pone en las fuentes para arrojar el agua con agradable variedad».

75. Se refiere el Marqués a los cañones de bronce del Patio de Armas del *Hôtel des Invalides* de París.

76. La frase se refiere a los templos y palacios de arquitectura griega y romana, que a menudo fueron representados en medallas, en el período clásico. Las medallas eran una forma común de representar estos edificios en la antigüedad, mostrando la grandeza de las civilizaciones griega y romana.

Las distintas terrazas de estos jardines están, tal y como hemos dicho, sostenidas por fuertes y gruesos muros y, es probable, como ya hemos observado, que esta gran construcción y los demás embellecimientos de la campiña hayan tenido un coste prodigiosamente elevado. Por fin, al pie de los jardines, comenzamos a encontrar las hermosas ruinas de las conocidas en el país bajo el nombre de las de Mecenas, rico romano amigo de Augusto (y que Chaupy[77] —véase— dice ser las ruinas de una casa perteneciente a la villa; opinión verosímil). Cuando Mecenas murió, dejó su hacienda campestre a Augusto, quien a menudo se alojaba en esta casa cuando venía a Tibur a administrar justicia bajo los pórticos del famoso templo de Júpiter, tan célebre en la ciudad. Esta opinión se basa en las dos razones siguientes: La primera, su estrecha relación con un lugar de predilección; la segunda, la certeza de que este emperador no tenía ningún lugar en la campiña de esta región (véase Chaupy).

Lo único que se puede ver ahora son grandes bóvedas o subestructuras, que al parecer se utilizaban para sostener el terreno, del mismo modo que las que acabamos de mencionar en la Villa del Este, en otras palabras, nivelar la cresta de la montaña y unificar el terreno sobre el que se

---

77. El abad Bertrand Capmartin de Chaypy publicó una obra en tres volúmenes titulada *Découverte de la maison de campagne d'Horace, ouvrage utile pour l'intelligence de cet auteur, & qui donne occasion de traiter d'une suite considérable de lieux antiques* (Descubrimiento de la casa de campo de Horacio, útil para la comprensión de este autor y que brinda la oportunidad de hablar de un número considerable de yacimientos antiguos).

construyó la casa, de la que ahora sólo se ven un muro y una columna en el lado del camino principal a Roma. Esto es todo lo que queda hoy.

Estas bóvedas apartadas son ahora refugios para el libertinaje y la delincuencia. Un brazo del río Anio[78] forma una especie de canal que las atraviesa a gran velocidad. El canal es fruto del artificio, no de la naturaleza. Sirve de desagüe al río que, más arriba, se dirige también con habilidad hacia varias fábricas de papel, hierro y petróleo que son la riqueza del país.

Monsieur de la Lande afirma erróneamente que estas bóvedas se utilizaban como establos en el castillo de Mecenas (véase si es cierto) y se basa en el arroyo que las atraviesa, y que, según él, servía para abrevar a los caballos. La gente que es tan inepta como para escribir semejantes tonterías sin ninguna autoridad, y cuyas mentiras pueden comprobarse con tanta facilidad como que no hay nadie en el país que no pueda atestiguar que era bastante probable que el canal pasara por debajo de estas bóvedas, debería encerrarse en los supuestos establos durante algún tiempo.

---

78. Se refiere al río Aniene, afluente del río Tíber, río de la parte central de Italia que antiguamente se denominaba *Anno*.

ÍNDICE

Este libro se terminó de
imprimir en Granada
el 20 de junio
del año
2025

CARDINALES

TRASPIÉS